富家益
富家益股市精讲系列

MACD 指标精讲

从入门到精通

（第2版）

富家益◎编著

中国财富出版社有限公司

图书在版编目（CIP）数据

MACD指标精讲：从入门到精通 / 富家益编著. —2版. —北京：中国财富出版社有限公司，2024.6

（富家益股市精讲系列）

ISBN 978-7-5047-8073-7

Ⅰ. ①M…　Ⅱ. ①富…　Ⅲ. ①股票投资—基本知识　Ⅳ. ①F830.91

中国国家版本馆CIP数据核字（2024）第026480号

策划编辑 杜 亮		**责任编辑** 敬 东 张思怡		**版权编辑** 李 洋	
责任印制 尚立业		**责任校对** 卓闪闪		**责任发行** 董 倩	

出版发行 中国财富出版社有限公司

社　　址 北京市丰台区南四环西路188号5区20楼　　**邮政编码** 100070

电　　话 010-52227588 转 2098（发行部）　　　010-52227588 转 321（总编室）

　　　　　010-52227566（24小时读者服务）　　010-52227588 转 305（质检部）

网　　址 http://www.cfpress.com.cn　　**排　　版** 宝蕾元

经　　销 新华书店　　　　　　　　　　**印　　刷** 宝蕾元仁浩（天津）印刷有限公司

书　　号 ISBN 978-7-5047-8073-7 / F·3679

开　　本 710mm×1000mm　1/16　　**版　　次** 2024 年 7 月第 2 版

印　　张 17.25　　　　　　　　　　　**印　　次** 2024 年 7 月第 1 次印刷

字　　数 255 千字　　　　　　　　　　**定　　价** 43.80 元

第 2 版说明

　　《MACD 指标精讲：从入门到精通》是"富家益股市精讲系列"图书中的一本，自 2019 年 8 月出版以来，深受广大读者欢迎，连续加印。广大读者在对本书给予高度评价的同时，也对本书存在的问题提出了意见和建议。在这里，我们衷心地感谢大家多年来对富家益系列图书的支持！

　　几年来，中国股票市场发生了巨大的变化。上证指数从罕见的 2900 点左右一度下探 2646.8 点，然后又在一年内涨到了 3700 点之上，2023 年 4 月又重新回到 3200 点上方。

　　股市每天起起伏伏，犹如太阳每天东升西落一般平常，但对每一个参与交易的股民来说，股市的每一点跳动都代表着财富的变化，想要以平常心对待并不是一件容易的事情，这需要投资者熟练使用工具和持续参与投资训练，并在此基础上靠着自身的悟性和不断的实践形成强大信心。在这轮大循环中，很多新入市的投资者对此都有感悟，深刻认识到不能熟练使用投资工具的严重后果，越来越多的投资者开始主动学习专业炒股工具方面的知识。而 MACD 指标作为市场最常用的投资工具之一，受到的关注也可想而知。为了给投资者提供一本更加全面、实用、易读的 MACD 指标参考书，我们结合最近几年的市场行情，对本书第 1 版内容进行了修订，从而形成本书的第 2 版。

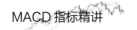

在修订过程中，我们特别注意以下两点。

1. 保持实用、易读的特点

内容实用、简单易读是富家益系列图书的一贯特色，深受广大读者的欢迎。本书在改版过程中，充分保留了第 1 版图书的这个特色。投资者阅读本书，可以明确地知道应该在什么时候买入，在什么时候卖出，并且很容易就能将学到的知识应用到实战中。

2. 案例更新

鉴于本书第 1 版完成后市场行情的转变，很多经典形态的出现位置、出现频率等都有了一定改变。在改版过程中，笔者特意结合最近几年 A 股市场的走势，几乎更换了原书中的全部案例。通过这些案例，投资者可以更清楚地了解当前市场特点，能更好地将所学知识用于实战。

富家益投资理财研究中心

2024 年 2 月

前　言

炒股有很多"招数"，每个招数都有它独到的地方。如果能够将这些招数融会贯通、综合运用，自然是最好的。但是，对于大多数普通投资者而言，试图将所有招数学全学会，却往往会出现"贪多嚼不烂"的问题。

人的精力毕竟有限。很多投资者看似把每个招数都学会了，但其实只学到了皮毛。在实战操作中用这些一知半解的"大杂烩"，很容易手忙脚乱、顾此失彼。就好像古代的一个士兵，背着五花八门的刀枪棍棒上了战场。仗一开打，还没等士兵想明白该用哪个武器、该怎么用，敌人的刀已经架在脖子上了。

俗话说，"一招鲜，吃遍天"。那些在某个领域"专精"的人，往往会胜过所谓的"全才"。哪个都会用，往往就意味着哪个都用不太好。在股市中，综合研判固然能够提高胜率，但这里有个前提，就是在这些招数里投资者要分清主次。就好比打仗，各兵种需要协同作战，但是也要分清哪些是主力部队，哪些是掩护部队，哪些是后勤部队。不分兵种，一股脑儿地推上前线，仗还没怎么打，自己阵脚就先乱了。

因此，进入股市的投资者，首先需要做的事情，就是选择一到三个好用的，同时也适合自己的招数，好好地学精学通。这种"专精"的招数，不宜过多，顶多三个就行，以免出现"贪多嚼不烂"的问题。其他招数，只要有

个泛泛的了解即可，可以把它们作为辅助招数来使用。

为此，我们特推出"富家益股市精讲系列"图书，选择股市中比较好用、也比较常用的招数，针对每一个招数，进行从入门到精通、从基础到实战的全方位精讲，以帮助投资者能够深入理解这些招数的内涵，真正掌握这些招数的实战技法，最终实现"任你千变万化，我只一招应对"的目标。

《MACD 指标精讲》是"富家益股市精讲系列"中的一本。

MACD 指标是投资者应用最多的技术指标。为了让投资者能够尽快掌握这一技术指标，本书在编写时将内容分为以下三大部分。

第一，从最基础知识开始，帮助投资者快速入门。

本书从 MACD 指标的基本构造和计算方法开始讲解，逐步为投资者讲述了 MACD 指标的一些基础应用技巧。通过阅读本书，投资者即使原本没有接触过 MACD 指标，也可以实现快速入门。

第二，精讲指标应用技巧，多种分析理论综合运用。

投资者在分析股价走势时，需要借助多种技术指标和分析理论综合做出判断。为了帮助投资者能够做出更准确的判断，本书重点介绍了 MACD 指标与趋势理论、波浪理论、成交量指标和 K 线形态的综合应用技巧。

第三，与实战运用结合，利用指标构造交易系统。

投资者学习任何技术指标或者分析方法，最终目的都是要将它们应用到实战操作中。针对这一点，本书为投资者演示了怎样以 MACD 指标为基础，结合其他分析理论和分析方法，构建一个完整的交易系统。通过这部分内容，投资者可以明确知道自己应该何时买入、何时卖出、何时加仓 / 减仓、何时止损。

在编写过程中，为了让投资者能够能轻松、深入地掌握相关知识，本书配备了大量的实战图例，将作者多年的经验总结为"实战经验"，供投资者参考。希望投资者通过阅读本书，能够尽快实现从新手到高手的转变。

目　录

1

第 1 章

——

MACD 指标入门

MACD 指标即指数平滑异同移动平均线指标，是由查拉尔·阿佩尔（Geral Apple）所创造，用来跟踪股价运行趋势、研判股票买卖时机的技术分析工具。

如图 1-1 所示，MACD 指标由 DIFF 线、DEA 线、MACD 柱线和零轴这"三线一轴"组成。投资者通过这"三线一轴"的交叉、背离、突破、支撑与阻力等形态来分析、判断股价走势。

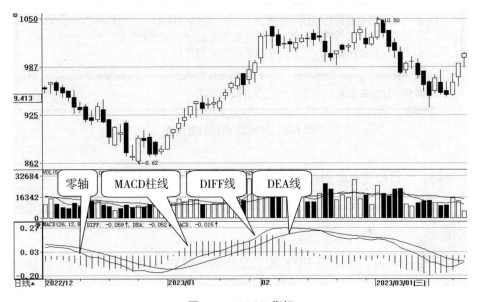

图 1-1　MACD 指标

投资者学习股票技术分析，MACD 指标是必不可少的一环。其重要性如图 1-2 所示。

MACD 指标的强大适用性与指标的构造过程密切相关。对此投资者可从以下四个方面理解。

第一，MACD 指标与均线的关系。

MACD 指标来源于股价的平滑移动平均线 EMA，所以具有均线指标稳定、能追随趋势的特点，可以对市场动能做出客观的反映。同时 MACD 指标去掉了均线有时频繁发出假信号的缺陷，使得指标在对中长期趋势的把握上准确

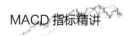

（1）MACD指标是被历史检验过的最有效的技术指标之一，也是运用最广泛的指标之一

（2）MACD指标从均线指标EMA（Exponential Moving Average，也叫EXPMA）衍化而来，对把握趋势性行情有着很好的应用效果

（3）MACD指标的顶底背离是公认的、最好用的"抄底逃顶"方法之一，这一方法是趋势理论、波浪理论具体化的重要工具

（4）许多老手都有这样的经历：在刚入门时学习MACD指标，之后慢慢将其丢弃，在经过了长时间的学习和比较之后，特别是经过了实战的检验之后，最终又回归到MACD指标上来。由此可见该指标的特别之处

（5）MACD指标在系统化交易中的应用也极为广泛

图 1-2　MACD 指标的重要性

率较高，所以深受趋势型投资者的欢迎。

第二，MACD 指标实际上围绕两个离差值进行分析，是市场动能直接的反映。

两个离差值，一个是 DIFF 线，是快慢均线的差值，可以理解为股价上涨或下跌的速度；另一个是 MACD 柱线，是快慢 DIFF 线的差值，可以理解为股价上涨或下跌的加速度。正因为如此，MACD 指标对市场动能有着极大的敏感性，每一次 MACD 柱线和 DIFF 线的变动都预示着市场动能的某种变化。

第三，MACD 指标的滞后性。

MACD 指标剔除了股价短期上下波动的影响，主要反映市场中长期趋势，对股价短期走势的反映往往较为滞后，远不如 K 线形态那样及时。对这个问题的解决一般可以通过指标参数的修改来实现，这在本章后面会详细介绍。

如图 1-3 所示，2022 年 11 月 30 日，MACD 指标出现"零轴附近金叉"的看涨信号，预示股价短期内将出现一波上涨走势。

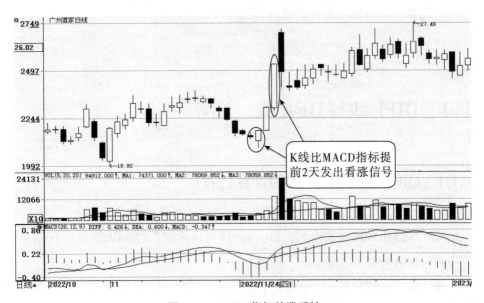

图 1-3　MACD 指标的滞后性

该上涨信号发出时，股价实际上已经开始上涨了一段时间，且 K 线在 11 月 28 日就出现了看涨吞没的形态，比 MACD 指标提前了 2 天。由此可见 MACD 指标反映短期走势的滞后性。

第四，MACD 指标不适合超短线投资者使用，不适合在盘整行情中使用。

一般来说，在超短线交易中，投资者需要对股价的短期波动非常敏感。而由于 MACD 指标的滞后性，股价的短期波动很难及时地在 MACD 指标上反映出来，因此 MACD 指标并不适合用于超短线交易。另外，在盘整行情中，MACD 指标一般会围绕着零轴上下运动，频繁发出金叉、死叉等交易信号，而这些信号大多属于无效信号，因此 MACD 指标也不适合在盘整行情中使用。

这里所说的"超短线""盘整行情"都是针对 K 线级别来说的。投资者如果要使用 MACD 指标进行超短线交易，或者寻找盘整行情中的买卖点，可以使用一些更低级别的 K 线图。例如投资者可以在 1 分钟 K 线图中使用 MACD 指标，来分析一个交易日内的股价涨跌趋势，进行超短线交易。

下面来介绍 MACD 指标的具体算法和用法。

1.1 DIFF 线与 DEA 线

1.1.1 DIFF 线与 DEA 线的计算过程

MACD 指标默认参数为 12、26、9。按照这样的参数，DIFF 线与 DEA 线的计算过程分为以下三步。

第一步，计算平滑移动平均值 EMA。

其中，12 日 EMA 为：

$$EMA（12）=\frac{2}{12+1}×今日收盘价+\frac{12-1}{12+1}×昨日\ EMA（12）$$

26 日 EMA 为：

$$EMA（26）=\frac{2}{26+1}×今日收盘价+\frac{26-1}{26+1}×昨日\ EMA（26）$$

第二步，计算离差值 DIFF。

$$DIFF=EMA（12）-EMA（26）$$

第三步，计算 DIFF 的 9 日平滑移动平均值。

MACD 值就是对 DIFF 进行 9 日平滑移动平均得到的，即离差平均值，又称为 DEA。

$$今日\ DEA（MACD）=\frac{2}{9+1}×今日\ DIFF+\frac{9-1}{9+1}×昨日\ DEA$$

通过该计算公式，投资者可以知道，DIFF 线实际上是 12 日 EMA 线与 26 日 EMA 线的差值，而 DEA 线则是 DIFF 线的 9 日平滑移动平均线。

如图 1-4 所示，2022 年 12 月至 2023 年 1 月，成都燃气（603053）的股价和 DIFF 线、DEA 线都呈现出先跌后涨的态势。

图 1-4　DIFF 线与 DEA 线

从中可以看出，尽管 DIFF 线与 DEA 线的运行趋势一致，但速度不一样。因为 DEA 线是 DIFF 线移动平均的结果，所以 DEA 线更为稳定。

1.1.2　DIFF 线与 DEA 线的用法

DIFF 线本质上是快慢均线的差值，该值的变动是对股价上涨或下跌的速度的最直观描述，投资者在实践中可以将其理解为股价动能的运动情况。DEA 线由于是 DIFF 线的移动平均线，自然也具有这一特性。

在实战中，根据 DIFF 线、DEA 线的值和位置，可以将它们的用法做如下的分类。

（1）当 DIFF 线和 DEA 线都大于零（即在零轴上方）且向上移动时，表明市场上涨动能强劲，股价正处于多头行情中。此时投资者应注意伺机做多

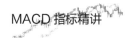

或持股待涨。

如图 1-5 所示，2022 年 11 月中旬至 12 月中旬，德邦股份（603056）的 MACD 指标中，DIFF 线和 DEA 线一直都在零轴上方，且持续地向上运行。这表明在这段时间里，股价上涨动能十分强劲。还没有入场的投资者可以伺机买入，已经入场的投资者可以持股待涨。

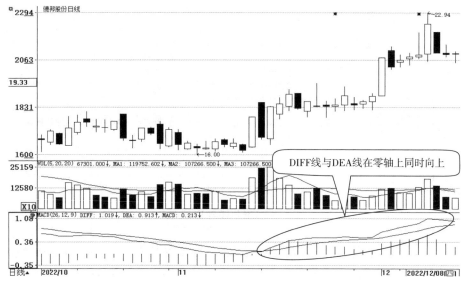

图 1-5　德邦股份日 K 线

（2）当 DIFF 线和 DEA 线均小于零（即在零轴下方）且向下移动时，表明市场下跌动能强劲，股价正处于下跌趋势中。投资者要注意持币观望。

如图 1-6 所示，2022 年 2 月 15 日，倍加洁（603059）股价跳空高开高走，放量涨停，但随后一路向下。在约一个月里，该股 MACD 指标中，DIFF 线与 DEA 线都在零轴下方，且持续地向下运行。这表明在这段时间内，该股下跌动能很强。投资者要注意持币观望。

（3）当 DIFF 线和 DEA 线均大于零但都向下移动时，表明市场下跌动能逐步增加，股价可能出现下跌走势，但上涨趋势是否彻底地结束，还要继续观察。此时投资者可以卖出部分股票或观望。

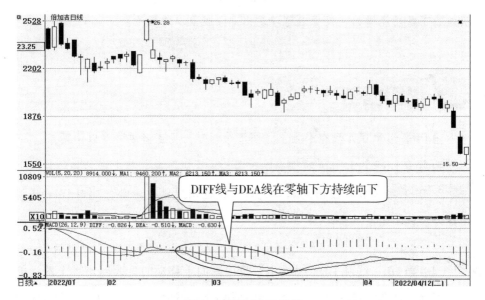

图 1-6   倍加洁日 K 线

如图 1-7 所示，2022 年 12 月中旬至 2023 年 1 月下旬，国检集团（603060）的 MACD 指标中 DIFF 线与 DEA 线虽然都在零轴上方，但都向下运行。这表

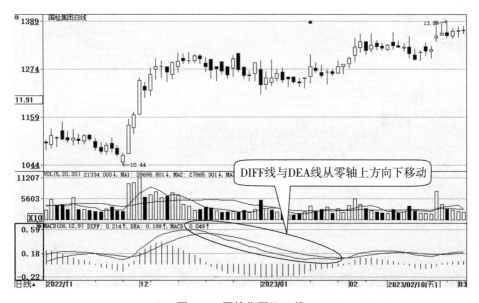

图 1-7   国检集团日 K 线

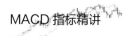

明该股下跌动能增加。投资者可以卖出部分股票以避风险。

当 DIFF 线和 DEA 线在零轴上方向下移动时，投资者要注意以下两点。

1. 除非 DIFF 线和 DEA 线彻底跌破零轴，否则不能判断上涨趋势结束。

2. DIFF 线和 DEA 线回到零轴之后，往往出现盘整走势。此时 DIFF 线将围绕着零轴不断上下震荡。

（4）当 DIFF 线和 DEA 线均小于零但都向上移动时，表明市场上涨动能正在增加，股价可能会出现一波上涨走势。但下跌趋势是否彻底结束，还需要继续观察。此时投资者可以少量买入股票或持币观望。

如图 1-8 所示，2022 年 10 月中旬至 11 月中旬，音飞储存（603066）的 MACD 指标中，DIFF 线与 DEA 线虽一直处于零轴下方，但不断地向上移动。

图 1-8　音飞储存日 K 线

这表明上涨动能在不断增加。投资者可以少量买入股票或持币观望。

如图 1-9 所示，2022 年 10 月中旬，禾望电气（603063）的 MACD 指标中，DIFF 线和 DEA 线在零轴下方一路向上，它表明上涨动能在不断增加，但后市是否能彻底转势则未定。投资者可以少量买入股票或持币观望。

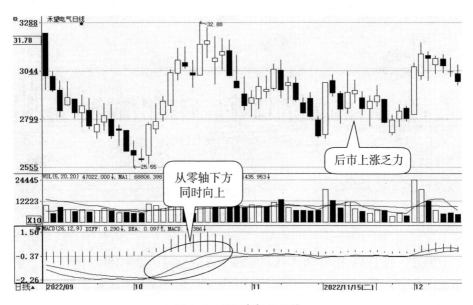

图 1-9　禾望电气日 K 线

通过 DIFF 线和 DEA 线对股价走势进行研判，除了需要了解位置和数值之外，时间也是一个重要的考察因素。

当 DIFF 线和 DEA 线在零轴上方运行，如果持续时间很长，就表明股价长时间地处于上涨趋势。此时，上涨动能很强，除非 DIFF 线或 DEA 线出现非常明显的转势信号（如跌破零轴或多次顶背离），否则上涨趋势仍将延续。投资者要注意顺势而为，持股的投资者要注意不要急匆匆地卖出持股。

如图 1-10 所示，2022 年 7 月下旬至 11 月底，中远海能（600026）的 MACD 指标中，DIFF 线和 DEA 线一直都在零轴上方运行。这表明股价在 4 个多月的时间里都保持着上涨趋势，上涨动能强劲。投资者在这个过程中要注意持股待涨。

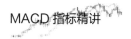

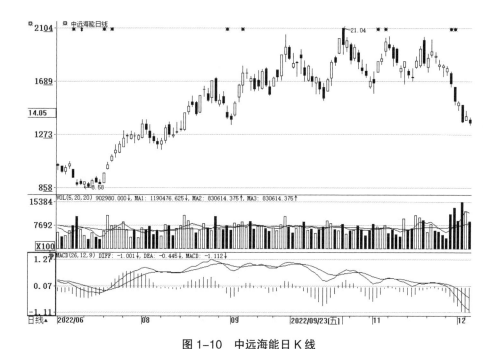

图 1-10　中远海能日 K 线

　　同理，当 DIFF 线和 DEA 线在零轴下方运行时，如果持续时间很长，就表明股价长时间地处于下跌趋势，下跌动能很强。此时，除非出现明显的反转信号，否则不能判定上涨趋势的到来。投资者要注意持币观望，不能贸然入场。

　　如图 1-11 所示，2022 年 2 月至 7 月，远大控股（000626）的 MACD 指标中，DIFF 线和 DEA 线一直都在零轴下方运行。这表明该股股价在长达 6 个月的时间里一直处于下跌趋势中。对这类股票，投资者注意不要轻易入场抢反弹。

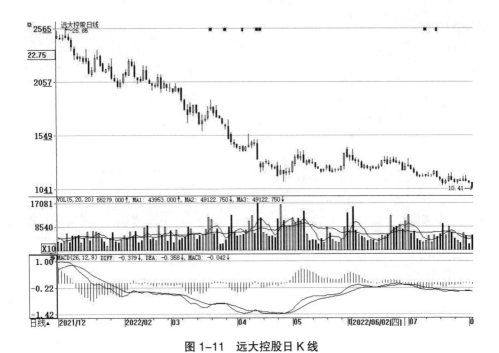

图 1-11　远大控股日 K 线

1.2　MACD 柱线

1.2.1　MACD 柱线的由来

MACD 柱线是由 DIFF 线和 DEA 线衍生出来的另一指标线。其计算公式为：

$$MACD 柱线 =2 \times（DIFF-DEA）$$

从该公式可以知道，MACD 柱线实际上是 DIFF 线和 DEA 线差值的放大。因此，MACD 柱线的运行与 DIFF 线、DEA 线的运行密切相关。

如图 1-12 所示，2022 年 12 月至 2023 年 1 月，容知日新（688768）出现一波上涨走势。此时 MACD 柱线由绿色变为红色（即由负数变为正数），同时 DIFF 线和 DEA 线出现金叉并几乎同时回到零轴。

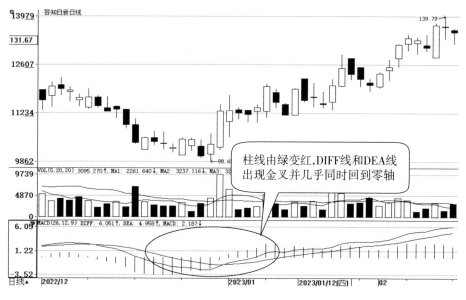

图 1-12　MACD 柱线的运行

1.2.2　MACD 柱线的用法

由上可知，柱线实际上是对 DIFF 线变动快慢程度（DIFF 线与 DEA 的差值）的一种度量，而 DIFF 线则是对股价变动快慢程度的一种度量。因此，投资者可以将 MACD 柱线看作股价涨跌的加速度，并由此来理解它的各种用法。

（1）当 MACD 柱线为红色并持续发散时，表明上涨动能较强，股市正处于急速上涨行情中。此时投资者可以持股待涨或短线买入，直到红柱变色或者出现顶背离时才考虑卖出。

如图 1-13 所示，2022 年 10 月 13 日至 10 月 27 日，昆药集团（600422）的 MACD 柱线为红色，且持续发散。这表明市场正处于急速上涨行情中，投资者要注意持股待涨或短线买入。11 月 15 日，MACD 柱线由红变绿，投资者要注意短线卖出。

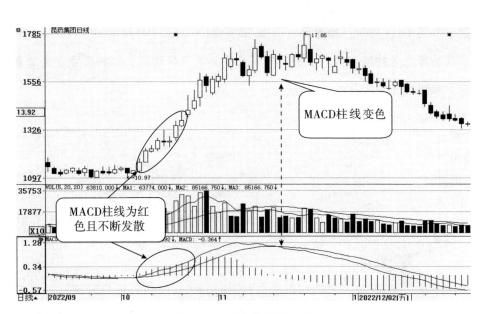

图 1-13　昆药集团日 K 线

在把握这个用法时，投资者要注意以下三个关键点。

1. MACD 柱线为红色且持续发散时，股价一般正在快速上涨中，此时买入往往抢不到好的价位。

2. MACD 柱线开始逐步缩短时，投资者不必急着卖出，此时股价往往正在缓缓上涨。

3. 在卖出的时候，"MACD 柱线变色"的可靠性不如"MACD 柱线与股价顶背离"高。

（2）当 MACD 柱线为绿色并持续地发散时，表明市场正处于急速下跌阶段。此时投资者要注意持币观望或卖出股票，直到绿色柱线变为红色柱线或出现底背离时，才可以考虑少量买入。

如图 1-14 所示，2023 年 2 月 20 日至 28 日，王子新材（002735）MACD 柱线为绿色并持续发散，表明市场正处于急速下跌阶段。此时投资者要注意持币观望或卖出股票。

MACD柱线为绿色并持续放大，持币观望或卖出

图 1-14 王子新材日 K 线

（3）当 MACD 柱线为红色并开始持续收敛时，表明市场上涨动能开始衰减。此时投资者要警惕下跌趋势的形成，一旦出现 MACD 柱线由红变绿或柱线与股价的顶背离，就可以先行出场。

如图 1-15 所示，从 2022 年 10 月 21 日开始，广日股份（600894）MACD 柱线开始不断缩短，表示市场上涨动能开始衰减，但自 10 月 31 日开始，MACD 柱线在零轴上方再次向上发散，表明上涨走势仍将延续。12 月初，股价再创新高，MACD 柱线却没有再创新高，形成顶背离形态。12 月 12 日，柱线开始由红变绿，仍然留有仓位的投资者可以适当卖出持股。

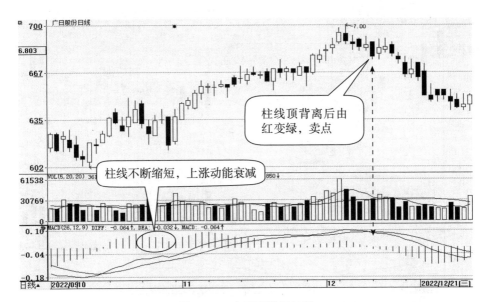

图 1-15　广日股份日 K 线

在把握这个用法时，投资者要注意以下两个方面。

1. 当柱线为红色并开始逐渐收敛时，上涨动能虽然缩减，但并不能就此判断市场将马上转势。有时候，股价只是略微回调，然后再次上涨。

2. 在这个过程中，DIFF 线也将回调。

（4）当 MACD 柱线为绿色并逐渐收敛时，表明市场急剧下跌阶段已经结束，市场下跌动能开始衰减。投资者可以等柱线由绿转红或柱线与股价的底背离出现后，少量进行长线战略建仓，等上涨趋势彻底确定之后，再大举入场。

如图 1-16 所示，从 2022 年 4 月 26 日开始，浙数文化（600633）的 MACD 柱线虽然是绿色但已经开始向零轴收敛，表明市场的急跌阶段基本结束，下跌动能开始衰减。5 月 10 日，柱线由绿转红，投资者可以少量买入。

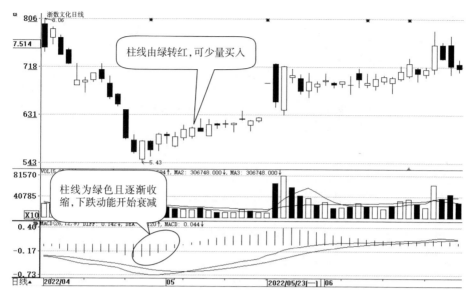

图 1-16 浙数文化日 K 线

投资者在运用柱线时，除了以上的四种情况，还要注意以下三个重要
看点。

第一，柱线主要用来研判 DIFF 线的走势。

由 MACD 指标的计算过程可知，DIFF 线是两条快慢均线的差值，而
MACD 柱线是 DIFF 线与其均线（DEA 线）的差值。因此，通过柱线的起伏变
动可以方便地得知 DIFF 线的变动趋势。

当柱线由绿转红时，意味着 DIFF 线向上突破 DEA 线，出现了金叉；当
柱线由红转绿时，意味 DIFF 线向下突破 DEA 线，出现了死叉。

当 DIFF 线在零轴上方运行时，一旦柱线与股价出现了顶背离，在下跌动
能的驱动下，DIFF 线和 DEA 线往往会出现死叉，一起回到零轴，甚至形成
一波下跌趋势。相反，当 DIFF 线在零轴下方运行时，一旦柱线和股价出现底
背离，在上涨动能的驱使下，DIFF 线和 DEA 线接下来有较大可能出现金叉，
并顺利回到零轴，甚至出现一波上涨趋势。

如图 1-17 所示，2022 年 3 月 8 日，双箭股份（002381）的 MACD 柱线

由红转绿，对应着 DIFF 线与 DEA 线的死叉。这表明下跌动能开始增强，之后股价出现了一波下跌走势。

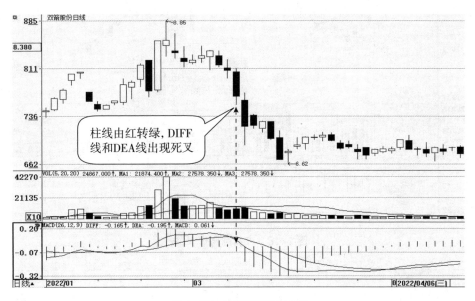

柱线由红转绿，DIFF线和DEA线出现死叉

图 1-17　双箭股份日 K 线

如图 1-18 所示，2021 年 12 月中旬，未名医药（002581）的 MACD 柱线与股价形成了十分明显的顶背离形态，表明一波下跌动能正蓄势待发。12 月 24 日，在下跌动能的驱动下，柱线由红转绿，DIFF 线和 DEA 线的死叉开始形成。之后伴随着绿色柱线的持续发散，DIFF 线和 DEA 线顺利地回到零轴。

第二，仅凭 MACD 柱线难以判断趋势。

一般来说，MACD 柱线围绕着零轴上下波动，即便是在长时间的趋势性行情中，柱线也将围绕着零轴起伏。因此，投资者利用柱线来研判股价的运行趋势，必须结合其他技术分析工具进行综合分析。

如图 1-19 所示，2022 年 6 月至 12 月，园城黄金（600766，已更名为*ST 园城）的股价持续上涨，市场一直处于上涨趋势中。在这段时间，正确的策略就是持股待涨。但 MACD 柱线却围绕着零轴不断地上下波动，在应该

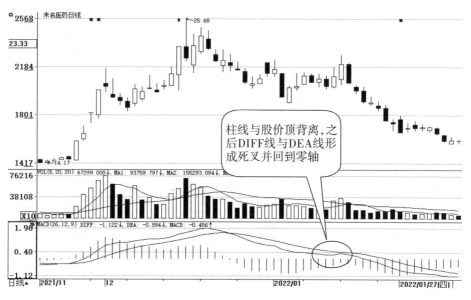

图 1-18　未名医药日 K 线

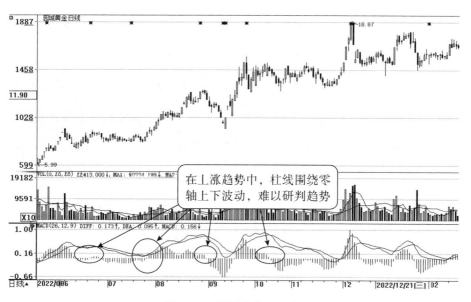

图 1-19　园城黄金日 K 线

持股待涨的时候不断地发出买卖信号。

第三，柱线可以用来研判具体的买卖点。

DIFF 线能够对市场动能和趋势做出较为直观的反映，而 MACD 柱线又能够对 DIFF 线的短期变动做出及时的反映，因此投资者虽然不能用柱线来研判趋势，但可以用柱线背离、颜色转换来研判具体的买卖点。特别是当 DIFF 线显示股价即将出现一波上涨趋势时，结合柱线往往能够抓住上涨趋势的最低点。相反，当 DIFF 线显示股价即将出现一波下跌趋势时，结合柱线往往能够抓住下跌趋势的最高点。

如图 1-20 所示，2023 年 1 月至 2 月，今飞凯达（002863）MACD 柱线与股价形成顶背离形态。这表明市场下跌动能短期内占据优势。2 月 14 日，柱线出现"顶背离 + 由红变绿"的卖出信号，投资者可以及时卖出。

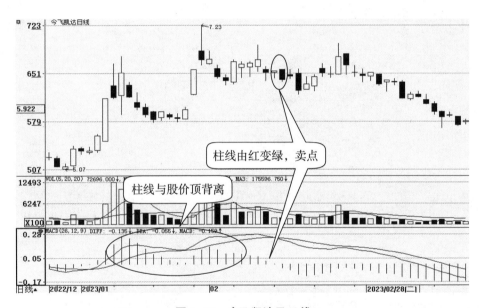

图 1-20　今飞凯达日 K 线

 实战经验

在今飞凯达的例子中，2023 年 2 月 14 日的卖点实际上是以下三个卖出信号的叠加。

1. DIFF 线在零轴上方运行，但开始逐渐向零轴靠近，这是第一个看跌信号。这表明市场下跌动能逐步增强。

2. MACD 柱线出现顶背离，这是第二个看跌信号，表明 DIFF 线将很快再次向下。

3. MACD 柱线变色（即 DIFF 线与 DEA 线死叉），这是第三个卖出信号，往往是最后的卖出机会。

这三个看跌信号叠加，之后的下跌动能非常强劲，股价跌幅很大。投资者一旦见到这样的卖出机会，不能错过。

第 2 章

——

MACD 指标的作用和使用法则

——

2.1　四大作用

2.1.1　判断股价涨跌趋势

利用 MACD 指标来判断股价涨跌趋势，主要是通过 DIFF 线（DEA 线也可以）来实现的。在实战中，投资者可以通过以下两种途径来判断。

1. DIFF 线越过零轴

一般来说，当 DIFF 线由下向上越过零轴时，就表明市场上涨趋势已经初步形成。有时候，DIFF 线越过零轴之后会冲高回落然后得到零轴的支撑，之后再次向上。这表明上涨趋势已经彻底形成，投资者要注意及时入场。

当 DIFF 线向下跌破零轴时，就表明市场下跌趋势已经初步形成。有时候，DIFF 线会有一个反弹确认的过程，之后再次下跌。这表明市场下跌趋势已经彻底形成，投资者要注意及时卖出持股。

如图 2-1 所示，2022 年 10 月 1 日，千禾味业（603027）的 DIFF 线向上突破零轴，表明市场已经初步由下跌趋势转为上涨趋势。之后，该股股价出现了一波较大的涨幅。

如图 2-2 所示，2022 年 3 月 14 日，如通股份（603036）的 DIFF 线向下跌破零轴，表明市场下跌趋势已经初步形成。之后，股价出现了一个快速下跌的过程。

2. DIFF 线的背离

通过 DIFF 线（或 DEA 线）与股价的背离判断市场趋势是另一种常用方法。

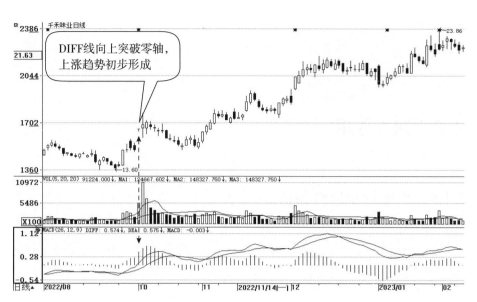

图 2-1　千禾味业日 K 线

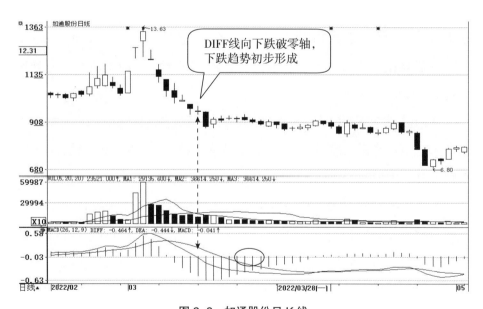

图 2-2　如通股份日 K 线

在下跌趋势中，一旦出现 DIFF 线与股价的底背离，就表明市场上涨动能开始积聚。之后如果股价能够向上突破前期重要阻力位（如前期高点、下跌趋势线、60 日均线等），就表明上涨趋势已经初步形成。有时候，股价突破之后会有一个回抽确认的过程，这是上涨趋势彻底形成的标志。

反之，在上涨趋势中，一旦出现 DIFF 线与股价顶背离，就表明市场下跌动能正在不断积聚。之后如果股价能够向下跌破前期重要支撑位（如前期低点、上升趋势线、60 日均线等），就表明下跌趋势已经初步形成。有时候，股价跌破之后会有一个反弹确认的过程，这是下跌趋势彻底形成的标志。

如图 2-3 所示，2022 年 4 月，常熟汽饰（603035）的 DIFF 线与股价形成底背离，表明市场上涨动能正在不断积聚。5 月 20 日，DIFF 线与股价底背离后，股价上涨突破 60 日均线，上涨趋势形成。

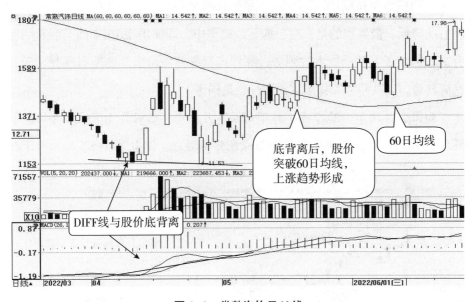

图 2-3　常熟汽饰日 K 线

实 战 经 验

在实战中，投资者通过 DIFF 线与股价的背离来判断市场趋势，要注意与其他技术分析工具配合，特别是以下三种最为常用的工具。

1. DIFF 线和 DEA 线的交叉。它往往出现在背离之后，起到确认的作用。如果背离出现之后迟迟不出现 DIFF 线和 DEA 线的交叉，就表明背离的动能

太弱。

2. MACD 柱线的背离。如果该信号也出现，往往表明趋势将很快到来。

3. 成交量的配合。当 DIFF 线和股价的底背离出现时，成交量可能不会太高，但随着股价的上涨，成交量将会大幅放大。

投资者通过这两种方法来判断市场的涨跌趋势时，必须注意时间因素的重要作用。

一般来说，上涨趋势即将形成的时候，市场正处于下跌趋势或盘整中。如果下跌或盘整持续的时间太长，那么这两种判断上涨趋势的方法的可靠性将有所降低。最典型的是，在长期下跌趋势中，即便出现 DIFF 线与股价的底背离，但由于下跌动能太过强势，底背离只能使股价短期内略有反弹，无法彻底转势。下跌趋势即将形成的时候也是同理。

如图 2-4 所示，2022 年 1 月下旬至 3 月上旬，已经处于下跌趋势的凯众股份（603037）的 DIFF 线与股价形成底背离形态。但由于市场下跌动能十分

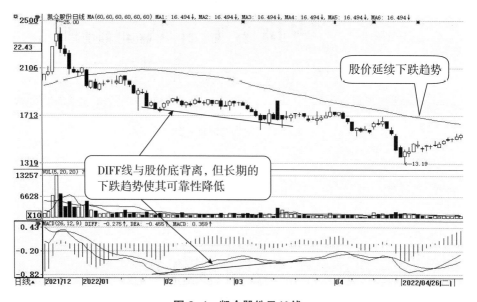

图 2-4　凯众股份日 K 线

强劲，2022 年 3 月 18 日，即使 DIFF 线与 DEA 线形成了金叉，股价也只是略微反弹，之后延续原来的下跌趋势。

2.1.2　寻找买卖点

买卖点是指技术指标所发出的关于股票买进和卖出的信号，其特点如图 2-5 所示。

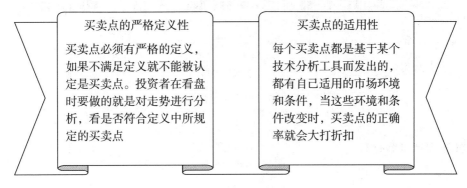

买卖点的严格定义性
买卖点必须有严格的定义，如果不满足定义就不能被认定是买卖点。投资者在看盘时要做的就是对走势进行分析，看是否符合定义中所规定的买卖点

买卖点的适用性
每个买卖点都是基于某个技术分析工具而发出的，都有自己适用的市场环境和条件，当这些环境和条件改变时，买卖点的正确率就会大打折扣

图 2-5　买卖点的特点

有的时候买卖点是综合几种技术分析工具而发出的。多种技术分析工具配合使用，往往能够取长补短，提高判断的正确率。

利用 MACD 指标来寻找买卖点，可以有多种方法。常见的有 DIFF 线和 DEA 线与股价的背离、DIFF 线和 DEA 线的交叉、MACD 柱线的背离、DIFF 线和 DEA 线的形态等。这些买卖点将在第 3 章中详细介绍。

如图 2-6 所示，2022 年 10 月至 11 月，国检集团（603060）的 MACD 指标发出了两个买点。

第一个买点出现在 2022 年 11 月 1 日，DIFF 线从零轴下方向上突破零轴，表明市场已经初步由下跌趋势转为上涨趋势，投资者可以少量买入。

第二个买点出现在 2022 年 11 月 30 日，DIFF 线在零轴上方冲高回落并得到零轴的强力支撑，再次出现金叉。这表明市场上涨趋势已经彻底形成，

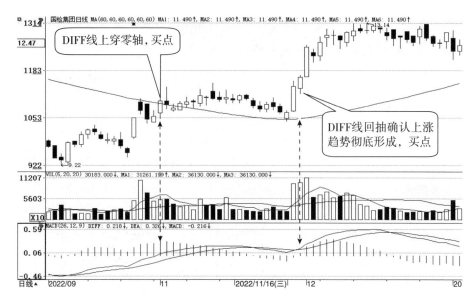

图 2-6　国检集团日 K 线

投资者可以加仓买入。

2.1.3　寻找转势时机

在一段走势中，市场可能有多个买卖点，但只有其中很少的一部分才是与趋势有关的买卖点，即转势时机。它一般具有如下三个特点。

特点一，彻底转势。

转势时机一旦出现，就表明市场的趋势有极大可能即将彻底地发生转变。最常见的是由下跌趋势转为上涨趋势或者由上涨趋势转为下跌趋势，而不仅仅是原来趋势的一次回抽确认。这种转势一旦被确认，接下来往往是一波较大的行情。

如图 2-7 所示，2022 年 3 月至 4 月，新疆火炬（603080）出现了一波下跌趋势。在这个过程中，股价两次上涨，但性质不同。

3 月 16 日至 4 月 19 日，股价出现一波上涨走势，DIFF 线和 DEA 线虽然

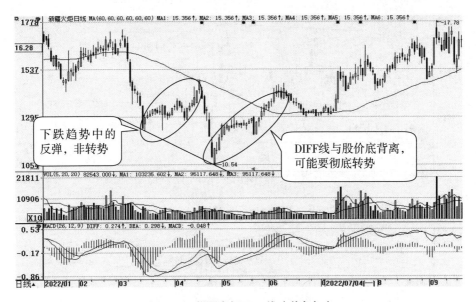

下跌趋势中的反弹，非转势

DIFF线与股价底背离，可能要彻底转势

图 2-7　新疆火炬日 K 线（前复权）

也出现金叉，但这只是下跌趋势的一次反弹。之后股价延续原来的下跌趋势。盲目追涨的投资者短期内将会被套。

4 月底，DIFF 线和股价出现底背离，市场有较大可能出现一波上涨趋势。5 月 9 日，出现"DIFF 线与股价底背离＋金叉"的看涨信号。之后市场由下跌趋势转为上涨趋势。

特点二，极强的时效性。

转势时机是市场原先趋势和新趋势的临界点，持续时间往往极短，具有极强的时效性。转势时机过后，市场将会开始新的趋势，投资者如果在这段时间内没有做出及时的反应，之后操作将会非常被动，入场或出场的点位将会非常不理想，"战机稍纵即逝"。

如图 2-8 所示，2022 年 7 月底，百合股份（603102）DIFF 线与股价出现顶背离，表明市场即将转势。随后不久，股价出现了一波较大的下跌趋势。在这个过程中，转势时机只有 2 天左右。

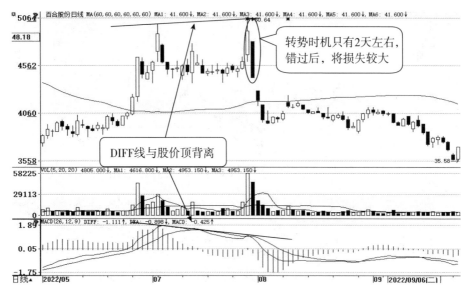

图 2-8　百合股份日 K 线

特点三，在较低的级别精确定位。

一般来说，高级别的转势时机往往可以在较低的级别中将其精确化，这样能使得买卖信号更加精准，买卖价位更加有利。例如，日线级别的转势时机，往往能在 60 分钟级别走势中甚至 15 分钟级别走势中将其精确定位，这样买卖价位将会十分有利，甚至能够买在最低价，卖在最高价。

利用 MACD 指标来寻找转势时机，其方法主要是看 DIFF 线与股价的顶底背离、DIFF 线越过零轴等。在实战中，投资者要注意多种技术分析工具的综合运用，以提高准确率。这些都将在第 3 章中详细介绍。

在实战中，转势时机的把握是一个极富艺术性的工作。投资者需要在长期的实战中，不断地累积这方面的经验才能使得技术水平不断地提高。

2.1.4　寻找支撑与阻力

寻找支撑与阻力是 MACD 指标的另一个重要作用。它主要通过以下两个方法来实现。

1. 零轴

当 DIFF 线在零轴下方运行时，零轴对其有重要的阻力作用；而一旦 DIFF 线突破零轴，零轴对它就具有重要的支撑作用。这种支撑、阻力作用在实战中往往成为重要的买卖点。

如图 2-9 所示，2022 年 2 月至 4 月，正裕工业（603089）持续下跌，处于明显的熊市阶段。在此期间，DIFF 线几乎一直都在零轴下方运行，虽然中途曾回到零轴附近，但因为受到零轴的阻力作用而再次向下。

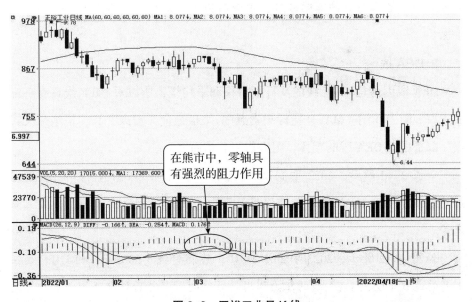

图 2-9　正裕工业日 K 线

如图 2-10 所示，2022 年 6 月下旬至 10 月下旬，先达股份（603086）

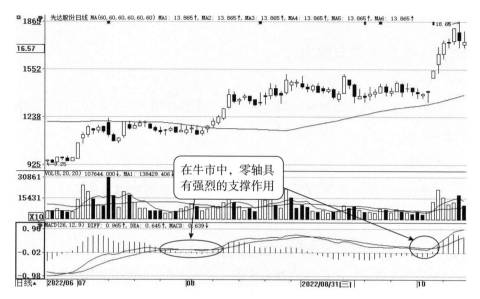

图 2-10　先达股份日 K 线

的股价不断上涨，处于牛市阶段。在此期间，DIFF 线大部分时间都在零轴上方运行，虽然两次回落到零轴，但都因为受到零轴的强力支撑作用而再次上涨。

2. DEA 线

DEA 线因为是 DIFF 线的 9 日平滑移动平均线，所以对 DIFF 线具有一定的支撑、阻力作用。MACD 指标买卖点中，"拒绝金叉卖点"和"拒绝死叉买点"都是根据 DEA 线的支撑、阻力作用总结而来的。

如图 2-11 所示，2022 年 11 月 25 日，汇嘉时代（603101）DIFF 线在回落的过程中受到 DEA 线的支撑作用而再次向上。之后股价出现了一波上涨走势。

如图 2-12 所示，2023 年 2 月 28 日，芯能科技（603105）的 DIFF 线在上升的过程中受到 DEA 线的阻力作用而再次向下。之后股价延续之前的下跌走势。

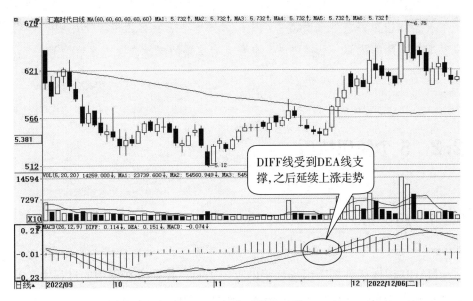

图 2-11　汇嘉时代日 K 线

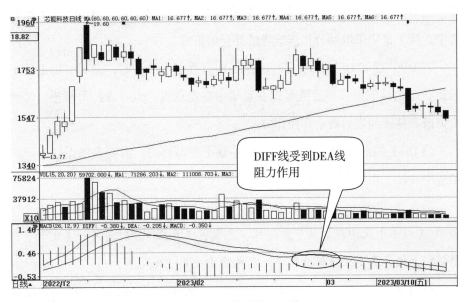

图 2-12　芯能科技日 K 线

 **精讲提高**

投资者要注意的是，当 DIFF 线长时间围绕着零轴窄幅震荡时，表明在股

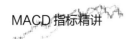

价走势中，两条快慢均线缠绕在一起，市场正处于盘整状态。那么 DIFF 线围绕着零轴震荡的区间一旦被突破，也会具有重要的支撑或阻力作用。

2.2 5 个使用技巧

2.2.1 趋势第一

MACD 指标作为判断市场趋势的重要工具，投资者在使用的过程中，首先就是利用该指标来判断市场的趋势。这是进行股票操作的基础。

当 DIFF 线和 DEA 线较长时间在零轴上方运行时，表明市场处于上涨趋势中。接下来应采取持股待涨或逢低加仓的策略。

当 DIFF 线和 DEA 线较长时间在零轴附近上下波动时，表明市场正处于盘整状态。接下来投资者既可以在盘整中高抛低吸，也可以持币观望，等股价突破震荡区间之后再选择操作方向。

当 DIFF 线和 DEA 线较长时间在零轴下方运行时，表明市场正处于下跌趋势中。接下来应采取持币观望的态度。

如图 2-13 所示，2022 年 10 月至 12 月，神驰机电（603109）的 DIFF 线和 DEA 线基本上都在零轴下方运行。这表明市场在这段时间内一直处于下跌趋势中，投资者要注意持币观望，不能贸然入场。

如图 2-14 所示，2022 年 4 月至 8 月，雪峰科技（603227）的 DIFF 线和 DEA 线一直都在零轴上方运行。这表明在这段时间内市场一直处于上涨趋势中，投资者可以持股待涨或不断地逢低买入。

如图 2-15 所示，2022 年 4 月至 12 月，比依股份（603215）的 DIFF 线和 DEA 线一直都在零轴附近上下波动。这表明市场在这段时间内整体上处于

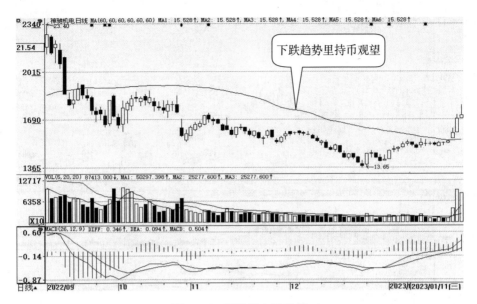

图 2-13　神驰机电日 K 线

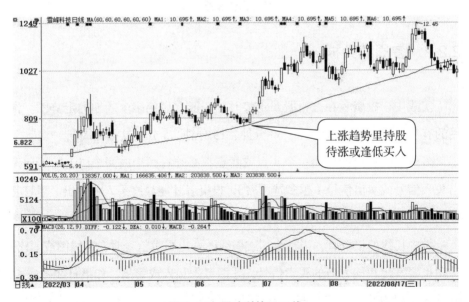

图 2-14　雪峰科技日 K 线

盘整状态。投资者可以在这波盘整走势中高抛低吸以降低持股成本，也可以
一直持币观望。

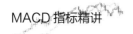

图 2-15　比依股份日 K 线

2.2.2　多周期共振

实战中，投资者在分析股票走势时，一般要用到多个周期的走势图。常用的有月、周、日、60 分钟、30 分钟、15 分钟、5 分钟这七个周期。

多周期共振是指任何一个买点或卖点都必须有两个或两个以上的周期发出买入信号或卖出信号（越多越可靠），投资者才能最终买入或卖出。当只有一个周期发出买入或卖出信号时，投资者可不予考虑。

做中长线的投资者，当月线图或周线图发出买卖信号时，日线图或 60 分钟图也要发出相同方向的买卖信号，才能考虑买入或卖出。如果日线图或 60 分钟图中没有出现买卖信号，即使月线图或周线图中出现明显的买卖信号，也不能入场操作。

如果做短线，当 60 分钟图或 30 分钟图中发出买卖信号时，15 分钟图或 5 分钟图中也要发出相同方向的买卖信号，比如 60 分钟图或 30 分钟图中出现

DIFF 线与股价顶背离，15 分钟图或 5 分钟图中出现 DIFF 线和 DEA 线的死叉等，投资者才能最终考虑入场操作。如果 15 分钟图或 5 分钟图中没有出现买卖信号，即使 60 分钟图或 30 分钟图中有明显的买卖信号，投资者也不能随意入场操作。

如图 2-16 所示，在恒为科技（603496）的周线图中，2022 年 9 月，DIFF 线在零轴附近回落并得到 DEA 线的支撑。这表明市场上涨动能即将启动，股价有较大可能再次上涨。此时投资者可以在低级别图中寻找更有利的买点。

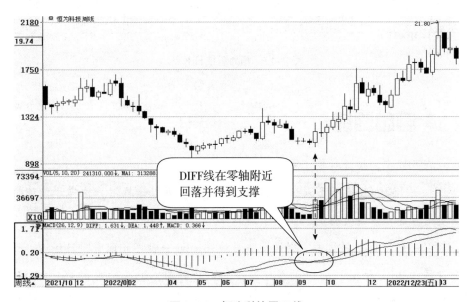

图 2-16　恒为科技周 K 线

如图 2-17 所示，在该股的日线图中，2022 年 10 月 13 日，MACD 指标出现 "DIFF 线与股价底背离 +DIFF 线与 DEA 线金叉 + 放量" 的看涨信号。这两个周期的看涨信号叠加在一起，表明市场上涨动能非常强烈，投资者可以积极买入。

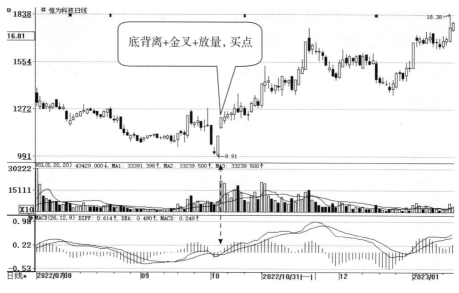

图 2-17　恒为科技日 K 线

 实战经验

在实战中，投资者要注意以下两点。

1. 不但 MACD 指标可以这样用，其他指标也可以这样用。这样才能使得买卖信号的可靠性更高。

2. 一般来说，月线图、周线图和日线图、60 分钟图相配合，口线图、60 分钟图和 30 分钟图、15 分钟图相配合，60 分钟图、30 分钟图和 15 分钟图、5 分钟图相配合。

2.2.3　参数的修改

对股价变动的反映滞后，买卖价位有时不太理想，这是 MACD 指标的一个缺陷所在。改变这种情况的方法之一，就是通过改变指标参数，使得 MACD 指标对走势的反映变得灵敏一些，使得买卖点的价位能够更加理想一些。

在常用的炒股软件中，MACD 指标的默认参数为 12/26/9。在这样的参数设定下，MACD 指标对股价变动的反映，往往有较明显的滞后性。

如图 2-18 所示，2023 年 2 月 16 日，高能环境（603588）的 MACD 指标出现"MACD 柱线与股价顶背离 + 死叉"的强烈看跌信号。很明显，如果投资者按照这个卖出信号卖出，在卖出之前的 4 个交易日，股价已经出现了较大的跌幅。就短线而言，并非特别合适的卖出时机。

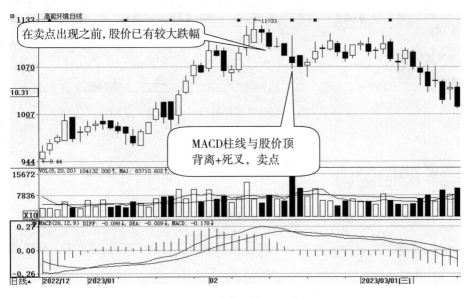

图 2-18　高能环境日 K 线 1

MACD 指标的滞后性可以通过参数的调整来解决。常用的参数组合有 5/34/5、5/10/30 等。投资者也可以在实践中多尝试，多发现。

如图 2-19 所示，将 MACD 指标参数改为 5/34/5 后，在 2023 年 2 月 14 日，高能环境的 MACD 指标出现"MACD 柱线与股价顶背离 + 死叉"的卖出信号。相比不修改指标参数，卖出信号能够提前 2 天出现。

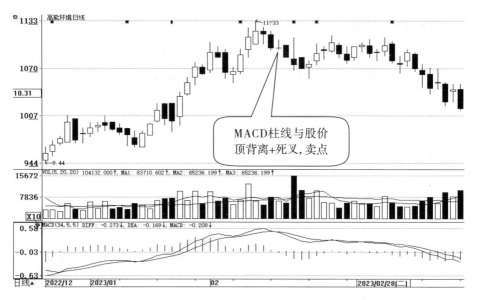

图 2-19　高能环境日 K 线 2

 实战经验

在实战中，投资者要注意以下两个方面。

1.在使用中，指标的参数调整虽然能够促使买卖信号提前出现，但可靠性有所降低。

2.对于任何参数，投资者在使用较长时间熟悉之后，就没有必要再修改了。

2.2.4　多指标配合

在实战中，买卖点的可靠性非常重要。而提高买卖点的可靠性，除了多周期共振之外，多指标的配合也很重要。

多指标配合是指每一个买卖点的出现，都需要两个或两个以上的技术分析工具发出同方向的买卖信号，才能最终确认。例如 MACD 指标与成交量指标配合，MACD 指标与 K 线组合理论配合，MACD 指标与 KDJ 指标（随机指标）配合，KDJ 指标与 RSI 指标（相对强弱指标）配合，等等。单独一个技术指标发出买卖信号，可靠性不是很高，可不予考虑。

如图 2-20 所示，2023 年 3 月中旬，胜宏科技（300476）的股价冲高回落在 60 日均线处受到支撑，同时 MACD 指标中 DIFF 线也向零轴靠近并受其支撑。3 月 17 日，K 线形成旭日东升形态，这表明市场上涨动能开始启动。这三个看涨信号叠加，投资者要注意把握这个买点。

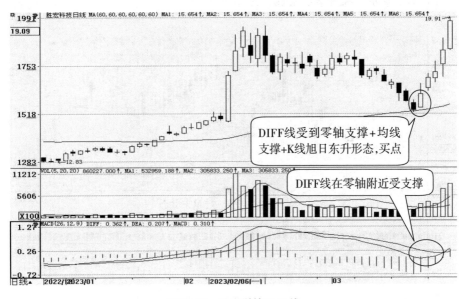

图 2-20　胜宏科技日 K 线

2.2.5　形态法则

用 MACD 指标来判断市场涨跌趋势和买卖时机，还可以通过 DIFF 线和 DEA 线的形态来研判。在实战中，DIFF 线（或 DEA 线）的形态可以分为三类。

1.顶部、底部的经典反转形态

在经典形态理论中，反转形态主要有双重顶（M 头）和双重底（W 底）、头肩顶和头肩底、三重顶和三重底、圆弧顶和圆弧底等形态（将在第 7 章中

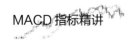
详细介绍）。当股价走势一旦出现这种形态的时候，就表明市场即将反转。

实际上，DIFF 线（或 DEA 线）的运行差不多也遵循同样的法则，当 DIFF 线出现 M 头、W 底、头肩顶、头肩底等形态时，就表明市场内在动能已经发生了重大的转折，股价接下来将有重要的转折点出现。

如图 2-21 所示，2022 年 7 月至 8 月，博世科（300422）的股价在经历了一波上涨走势的同时，MACD 指标 DIFF 线形成了 M 头形态。这表明市场下跌动能正在聚集，投资者要警惕。

图 2-21　博世科日 K 线

如图 2-22 所示，2022 年 5 月，唐德影视（300426）的股价在经历了一波下跌之后，MACD 指标的 DIFF 线形成 W 底形态。它表明市场上涨动能正在不断积聚，股价有较大可能转势，投资者要高度注意。

2. 顶背离和底背离

MACD 指标的背离是指 MACD 指标的走势与股价的走势方向正好相反，表明与市场原来趋势相反的动能正在聚集。背离是 MACD 指标使用最多的一种形态，详细内容将在第 3 章中介绍。

图 2-22　唐德影视日 K 线

3. 趋势线

趋势线是指连接连续两个或两个以上波峰（或波谷）的直线，它可以直观地表明所观察对象的运行趋势。其中，连接波谷的直线被称为上升趋势线，连接波峰的直线被称为下降趋势线。

趋势线的一个重要特点是具有重要的支撑或阻力作用，一旦被突破，就表明市场运行趋势将发生较大的变化。

在 MACD 指标中，以 DIFF 线为例，连接连续两个或两个以上 DIFF 波峰的直线，被称为下降趋势线，表明市场下跌动能在不断增强；连接连续两个或两个以上 DIFF 波谷的直线，被称为上升趋势线，表明市场上涨动能正在持续增强。

在实战中，一旦 DIFF 线向上突破下降趋势线，就表明市场上涨动能开始转弱为强，股价接下来有较大可能出现一波上涨走势，投资者可以伺机买入。

一旦 DIFF 线向下突破上升趋势线，就表明市场下跌动能开始占据优势，股价接下来有较大可能出现一波下跌走势，投资者要注意及时卖出。

　　如图 2-23 所示，2022 年 3 月至 9 月，香农芯创（300475）DIFF 线几乎一直都处于上涨趋势中，投资者可以画出其上升趋势线，表明这段时间一直是上涨动能占据优势。

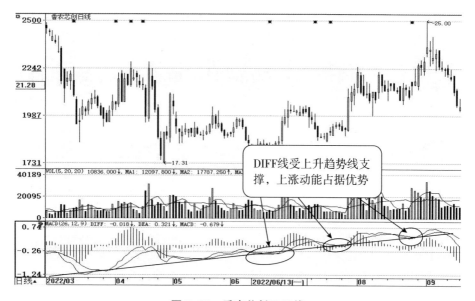

图 2-23　香农芯创日 K 线

　　如图 2-24 所示，2022 年 1 月下旬至 4 月下旬，恩捷股份（002812）的DIFF 线一直处于下跌趋势中，此时投资者可以连接几个波峰画出其下跌趋势线。这表明该股下跌动能一直较强。

　　2022 年 4 月 29 日，DIFF 线向上突破下降趋势线，表明市场上涨动能开始占据优势，股价接下来有较大可能出现上涨走势。投资者可以部分买入。

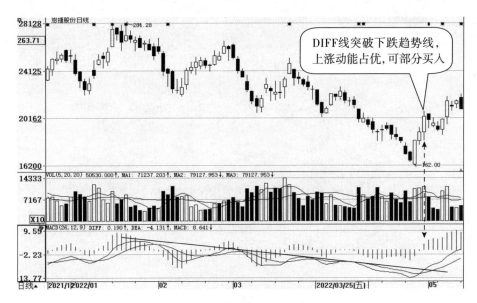

图 2-24　恩捷股份日 K 线

第 3 章

MACD 指标实战用法

3.1　交叉

3.1.1　DIFF 线与 DEA 线的金叉

MACD 指标的金叉是指 DIFF 线自下而上穿过 DEA 线所形成的交叉。金叉出现在不同的位置，会体现出不同的市场含义。下面按照金叉位置的不同，分三种情况介绍 MACD 指标金叉的应用技巧。

1. 低位金叉的买点

DIFF 线与 DEA 线金叉的位置，如果出现在零轴下方，并且远离零轴，这个金叉就称为低位金叉。DIFF 线和 DEA 线出现在零轴之下且较远的位置，说明此前股价正处于下跌趋势中。投资者可将此时的金叉，仅仅视为股价的一次短期反弹，这样更为稳妥。至于股价是否能够形成真正的反转，还需要投资者结合其他指标进行观察和确认。

如图 3-1 所示，2022 年 5 月 11 日，随着股价的回升，胜宏科技（300476）的 MACD 指标出现了低位金叉。但经过一波震荡走势之后，股价就又开始延续前期的下跌趋势，并再创新低。

如图 3-2 所示，2022 年 10 月至 11 月，中盐化工（600328）的日线图中，MACD 指标出现了两次低位金叉。不过每次金叉出现时，投资者的操作策略有所不同。

第一次低位金叉出现在 10 月 13 日。投资者可以看到，这个金叉出现的时候，反弹也快结束了。如果投资者在这个低位金叉出现时选择观望，就不会有被套牢的风险。

第二次低位金叉出现在 11 月 4 日，此时投资者可以把握时机入场买入。

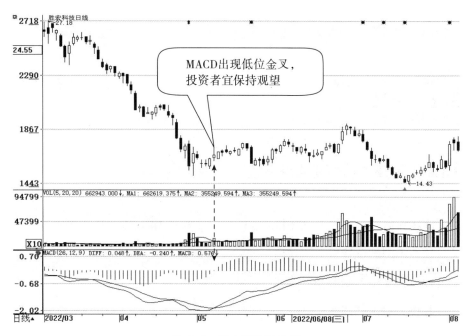

图 3-1　胜宏科技日 K 线

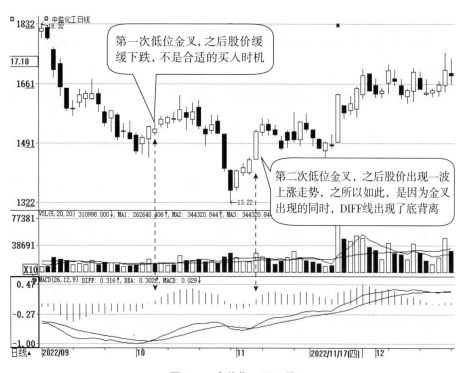

图 3-2　中盐化工日 K 线

这是因为，第二个金叉出现的同时，DIFF 线与股价也出现了底背离。两个见底信号叠加，使得买入信号的可靠性大大提高。

2. 零轴附近金叉的买点

如果上涨趋势已经形成，DIFF 线与 DEA 线的金叉发生在零轴附近，那么此时往往是投资者买入的绝佳时机。

这是因为，上涨趋势形成后，零轴附近金叉预示着调整行情已经结束，新一轮上涨行情已经开始。此时如果还伴随着均量线的金叉，就说明股价的上涨得到成交量的支持，买入信号将更加可靠。

如图 3-3 所示，2021 年 12 月 13 日，山东路桥（000498）的股价向上突破 60 日均线，表明上涨趋势已经初步形成。之后两个多月股价基本上都在 60 日均线上方运行。

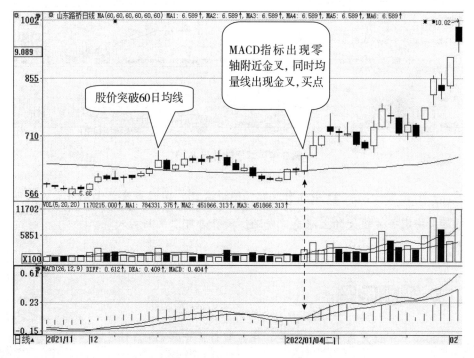

图 3-3　山东路桥日 K 线

2022 年 1 月 6 日，MACD 指标在零轴附近形成金叉，同时成交量放大，表明市场即将出现一波较大的上涨走势。投资者可以果断地买入。

如图 3-4 所示，2022 年 7 月至 8 月，博思软件（300525）的走势一直都在 60 日均线上方运行。这表明在这段时间内，该股一直处于上涨趋势中。

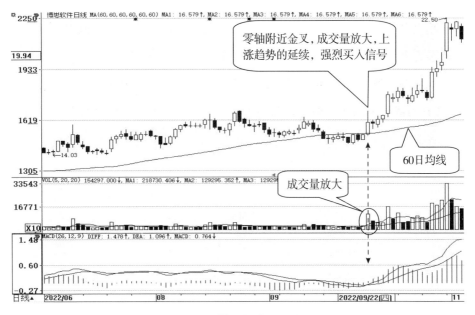

图 3-4　博思软件日 K 线

9 月 30 日，MACD 指标出现零轴附近金叉，同时成交量大幅放大，表明接下来将有一波较大的上涨走势发动。投资者可以果断买入。

 实战经验

实战中，投资者要注意的是，在盘整行情中 MACD 指标往往会频繁发出买卖信号，暂时处于失效状态。此时出现零轴附近金叉，并不能保证接下来出现一波上涨趋势。

投资者要注意甄别当前行情的类型，如果股价处于盘整行情中，可以结合 KDJ、RSI 等超买超卖类指标综合确定买卖信号。

3. 高位金叉的买点

如果 DIFF 线与 DEA 线的金叉发生在零轴以上，且处于距离零轴较远的区域，那么该金叉就被称为高位金叉。高位金叉一般出现在股价上涨一段时间后的回调走势中，表示回调已经结束，股价即将延续前期的上涨趋势。因此高位金叉一旦出现，是较好的买入信号。

如图 3-5 所示，2022 年 8 月 15 日，宝明科技（002992）的股价在上涨趋势中，经过回调之后再次上涨，同时 MACD 指标出现高位金叉。这表明该股回调已经结束，股价将延续前期的上涨趋势。投资者要注意抓住这个买点。

图 3-5 宝明科技日 K 线

在实战中，当上涨趋势形成，股价缓缓上涨并持续较长一段时间后，一旦 MACD 指标形成高位金叉，往往是股价延续上涨趋势甚至加速上涨的预兆。接下来股价往往会再创新高。

如图 3-6 所示，2022 年 8 月 18 日，南网科技（688248）在经历了一段时间的缓缓震荡之后，MACD 指标出现高位金叉。这表明该股在经历了较长时间的缓缓震荡走势之后，上涨动能开始加速释放，接下来股价将出现加速上涨走势。投资者要注意抓住这个买点。

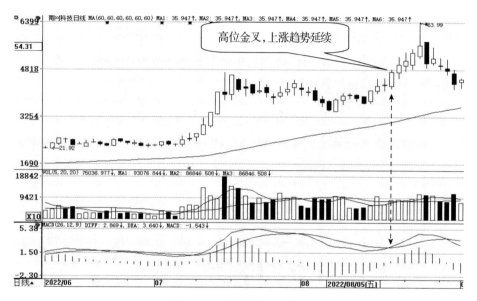

图 3-6　南网科技日 K 线

3.1.2　DIFF 线与 DEA 线的死叉

MACD 指标的死叉是指 DIFF 线自上而下穿过 DEA 线所形成的交叉。与金叉一样，不同位置的死叉，会体现出不同的市场含义。

1. 低位死叉的卖点

低位死叉是指发生在零轴下方，距离零轴较远的死叉。这种低位死叉，往往出现在下跌趋势中向上反弹结束时，因此低位死叉是反弹结束的卖出信号。此时，没有入场的投资者要注意持币观望，仍然持有股票被深度套牢的投资者，可以先行卖出，待股价下跌后再买回以降低成本。

如图 3-7 所示，2022 年 2 月 17 日，精测电子（300567）的 MACD 指标出现一个低位金叉，股价出现了一波小幅度的反弹，之后震荡向下。

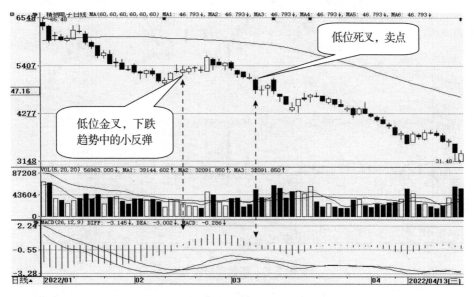

图 3-7　精测电子日 K 线

2022 年 3 月 7 日，MACD 指标在零轴下方出现死叉，此后股价开始新的一轮下跌走势。投资者可以在 3 月 7 日卖出持股，之后回补以降低持股成本。

如图 3-8 所示，2022 年 12 月至 2023 年 2 月，新雷能（300593）一直处于下跌趋势中，在这个过程中，MACD 指标出现了两次低位死叉。投资者要注意持币观望，仍持有股票的投资者可以先卖出，等股价大跌之后回补以降低持股成本。

2. 零轴附近死叉的卖点

DIFF 线在零轴附近跌破 DEA 线形成的交叉被称为零轴附近死叉。DIFF 线和 DEA 线出现在零轴附近，表明市场在零轴附近已经积聚了较多的向下动能，此时死叉出现，表明市场向下的动能开始释放，接下来出现一波下跌趋势的概率较大，为卖出信号。

图 3-8　新雷能日 K 线

　　投资者需要注意的是，在盘整行情中，指标往往会出现频繁的零轴附近死叉，这只是股价暂时的震荡造成的，不宜作为卖出信号使用。

　　如图 3-9 所示，2022 年 12 月 7 日，长川科技（300604）的 DIFF 线在零轴上方靠近零轴的地方跌破 DEA 线形成死叉，此前不久 K 线形成看跌吞没形态。这表明市场下跌动能开始释放，为卖出信号，投资者要果断卖出持股，否则将被套牢。

　　在实战中，零轴死叉一般要和其他技术分析工具结合，以提高卖出信号的可靠性。比如，当市场前期出现顶背离之后不久，MACD 指标出现零轴附近死叉，就表明下跌动能十分强烈并即将释放，股价接下来将出现一波巨大的跌幅。因此，投资者一旦见到这种"顶背离＋零轴附近死叉"的组合，要注意及时出场。

　　如图 3-10 所示，2022 年 11 月 25 日，太辰光（300570）的 MACD 指标形成零轴附近的死叉，投资者要注意果断卖出持股，之后股价出现了一波较

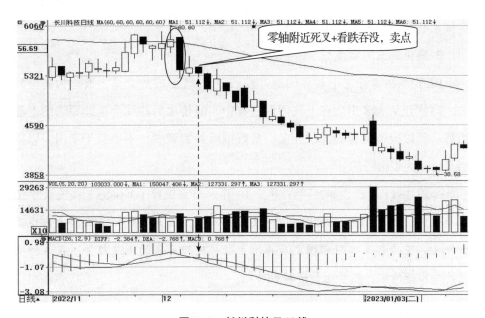

图 3-9　长川科技日 K 线

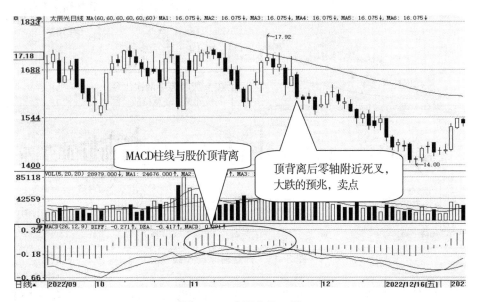

图 3-10　太辰光日 K 线

大的下跌走势。之所以如此，是因为在死叉出现之前，MACD 指标已经出现了"MACD 柱线与股价顶背离"形态，同时 K 线形成看跌吞没形态，三个卖出信号叠加，卖出信号非常强烈。

3. 高位死叉的卖点

DIFF 线在零轴之上较远的地方跌破 DEA 线形成的交叉，被称为高位死叉。高位死叉大多出现在上涨回调过程中，股价之后往往会延续原来的上涨趋势，所以投资者看到高位死叉，最好继续持股观望，不要急于卖出，以防踏空后面的牛市行情。

如图 3-11 所示，2022 年 7 月至 10 月，开立医疗（300633）一直处于上涨趋势中，但 MACD 指标分别在 2022 年 7 月 28 日和 10 月 28 日两次出现高位死叉，股价都是略微回调之后再次上涨，延续原来的上涨趋势。在这种明显的牛市行情中，投资者最好持股待涨。

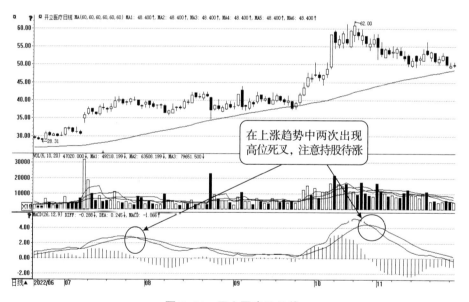

图 3-11　开立医疗日 K 线

如图 3-12 所示，2022 年 8 月 31 日，园城黄金（600766，已更名为 *ST 园城）的 MACD 指标出现高位死叉，此时投资者只可将其视为一次短期回调信号，不要轻易被震荡出局。

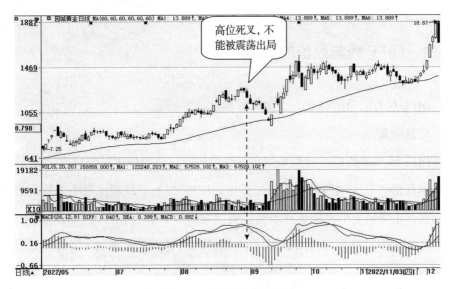

图 3-12 园城黄金日 K 线

3.2 背离

背离是物理学上描述动能的一个词语，在股市技术分析中，是一种成功率较高、应用较为广泛的分析方法。在上涨走势中，股价创新高，而指标线却没有创新高，称为顶背离，是卖出信号；在下跌走势中，股价创新低，而指标线却没有创新低，称为底背离，是买入信号。

对背离的把握，需要注意三点，如图 3-13 所示。

无趋势无背离	背离实际上是两段完整趋势的动能比较，如果没有趋势存在，就谈不上背离的存在
背离的适用性	前面说过，背离本质上是描述动能的一个词，它特别适合对市场动能的把握，因此背离特别适用于一些趋势性指标，如MA移动平均线、MACD等指标。在这些指标中，利用背离往往能够精准地把握市场的人趋势
背离的次数	顶背离在顶部出现的次数越多，走势向下的可能性越大；相应的，底背离在底部出现的次数越多，股价上涨的概率也越大

图 3-13 理解背离的不同方面

3.2.1 DIFF 线与股价的背离

DIFF 线与股价的背离分为顶背离和底背离两类。

1. 底背离

DIFF 线与股价的底背离是指在下跌趋势中，当股价创新低时，DIFF 线却没有创新低。这表明股价在下跌过程中，DIFF 线的下跌幅度要小于股价的下跌幅度，市场向上的动能正在不断积聚，股价接下来上涨的概率较大。

在实战中，投资者利用 DIFF 线与股价的底背离来找买点，需要注意以下三个方面。

第一，二次底背离乃至多次底背离的情况。

有时候，DIFF 线与股价会出现二次底背离乃至多次底背离的情况，这是更为强烈的上涨信号。它表明市场上涨动能极为强劲，股价将很快出现一波较大的上涨走势。

第二，具体的买入时机。

DIFF 线与股价的底背离不是一个具体的时点，而是一段时间内出现的形态，但投资者买入股票却是在一个具体的时点。因此，为把握买入时机，当 DIFF 线与股价出现底背离时，投资者可以将底背离与其他众多的技术分析工具结合，进行综合研判。例如，底背离与 K 线反转形态结合，底背离与 MACD 的金叉、死叉结合等。这正是"多指标配合"原则的具体运用。

第三，多周期的配合。

实战操作中，为防止逆势操作，投资者要注意其他周期中 DIFF 线的情况。例如，如果周线图中股价正处于下跌趋势且没有明显的支撑，此时日线级别即便出现一次底背离，投资者也不要匆忙入场，因为此时单单一个底背离很难彻底扭转下跌趋势。这正是第 2 章中"多周期共振"原则的具体应用。

如图 3-14 和图 3-15 所示，2022 年 10 月底，上证指数创出了新低，而 DIFF 线没有创出新低，形成 DIFF 线与指数的底背离。这表明市场上涨动能正在积聚，有较大可能出现一波上涨走势。

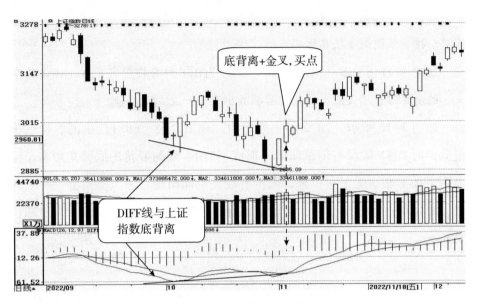

图 3-14　上证指数日 K 线

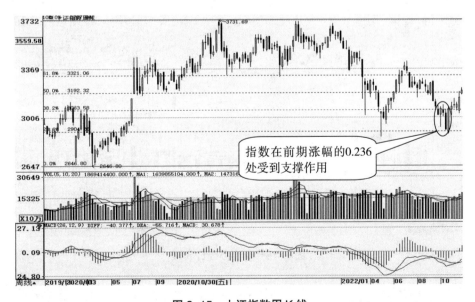

图 3-15　上证指数周 K 线

63

与此同时，在上证指数周线图中，2022年10月，指数下跌已经到达前期最大涨幅的0.236处，判断在该处指数将得到较大的支撑，指数有较大可能止跌回升。

综合上证指数周线走势和日线走势，基本可以判断指数将出现一波上涨走势。接下来就是寻找具体买点的过程。

2022年11月2日，MACD指标出现"DIFF线与指数底背离+MACD金叉"的看涨信号，买点出现。之后指数出现了一波上涨走势。

如图3-16所示，2022年4月下旬，金山办公（688111）的股价创出新低，而DIFF线没有创出新低，形成了DIFF线与股价的底背离形态。这表明市场上涨动能正在积聚，股价有较大可能出现一波上涨走势。4月29日，MACD指标出现金叉，更增加了看涨意义的可靠性，投资者可以积极买入。

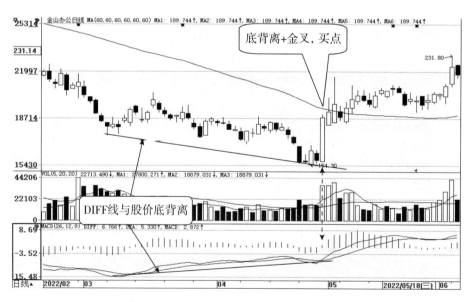

图 3-16　金山办公日 K 线

 **精讲提高**

在把握买点时，投资者还要注意以下两个方面。

1. 一般来说，当大盘发出看涨信号后，在个股中也会有相应的看涨信号发出，只是它们所代表的上涨动能有差别。此时，投资者的选股能力很重要。

2. DIFF 线与股价底背离之后，股价一般会有一波涨势，但趋势是否能够彻底地反转，还不能确定，需要继续观察。

2. 顶背离

DIFF 线与股价的顶背离是指在上涨趋势中，当股价创新高时，DIFF 线却没有创新高。它表明市场下跌动能正在不断积聚，股价接下来有较大可能出现一波下跌走势。

与底背离类似，投资者在实战中利用顶背离来寻找卖点，需要注意以下四个方面。

第一，二次顶背离乃至多次顶背离。

在上涨趋势中，一旦出现二次顶背离乃至多次顶背离，就表明市场下跌动能较为强劲，股价将很快出现一波下跌走势。

第二，具体的卖出时机。

一般来说，卖出时机和买入时机有很大的不同。买入要极为慎重，要若干上涨信号同时出现，若干周期出现共振，并且保持与市场大趋势一致，才能最终确认买入时机。而卖出则"赶早不赶晚"，甚至只要有一个卖出信号出现，表明下跌走势即将出现，投资者就要尽快出场，以保住到手的利润。

因此，顶背离的具体卖出时机，尽管仍需要与其他技术分析工具结合来综合研判，但可以更加灵活。常用的卖出时机有"顶背离 +K 线反转形态""顶背离 + 死叉"等。

第三，多周期配合。

与底背离相似，顶背离卖出信号的确认，也需要查看其他周期内走势的状况。例如，当周线图中走势正处于快速上涨行情中，此时日线图中第一次出现的顶背离的可靠性就会降低。

第四，成交量。

当 DIFF 线与股价顶背离出现时，走势一般都伴随着成交量的放大。这是上涨动能即将耗尽、下跌动能开始占据优势的表现。之后伴随着股价的下跌，成交量将不断地降低。

如图 3-17 所示，2022 年 8 月下旬，安达智能（688125）的股价创出新高，但 DIFF 线没有创出新高，形成 DIFF 线与股价的顶背离。它表明市场下跌动能正在积聚，股价有较大可能出现一波下跌走势。

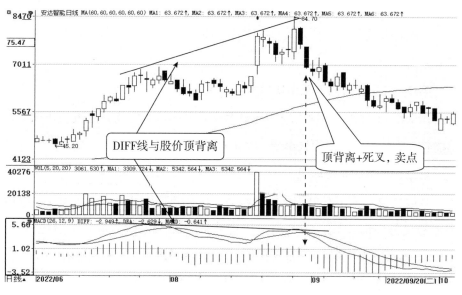

图 3-17　安达智能日 K 线

2022 年 8 月 31 日，MACD 指标出现死叉，更增加了下跌意义的可靠性。投资者可以及时卖出持股。

如图 3-18 所示，2022 年 6 月至 8 月，华泰科技（688281）的 DIFF 线与

股价出现两次顶背离，但之后的走势却不一样。

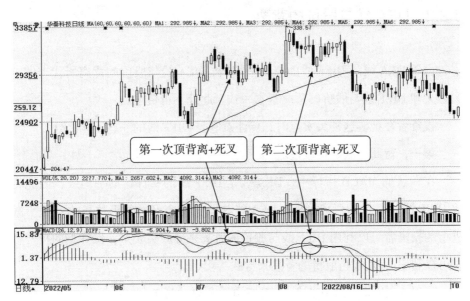

图 3-18　华泰科技日 K 线（前复权）

2022 年 7 月 15 日，MACD 指标出现"DIFF 线与股价顶背离 + 死叉"的看跌信号，但由于股价长期处于上涨趋势中，该看跌信号出现后，股价出现一波下跌走势后很快在 60 日均线附近处企稳。

2022 年 8 月 12 日，MACD 指标出现"DIFF 线与股价二次顶背离 + 死叉"的强烈看跌信号。之后股价出现了一波下跌趋势，投资者要注意把握这个卖点。

 精讲提高

在把握这个卖点时，投资者要注意以下两个方面。

1. 一般来说，DIFF 线与股价顶背离出现后，股价将有一波下跌走势，但是否能够彻底转势，还要继续观察。

2. 当顶背离出现时，DIFF 线离零轴越近，向下动能就越强烈，下跌的信号就越可靠。

3.2.2　DEA 线与股价的背离

由于 DEA 线是 DIFF 线的移动平均线，DEA 线与股价的背离所代表的市场意义和 DIFF 线与股价的背离基本一致。此处不再赘述。

投资者在把握这种买卖点时，要注意它与 DIFF 线的一些不同之处。

第一，背离形成过程较慢。

在默认的 MACD 指标中，DEA 线是 DIFF 线的 9 日移动平均线，因此相比 DIFF 线与股价的背离形态，DEA 线与股价背离形态的形成更为缓慢。激进型的投资者可以利用 DIFF 线与股价的背离来寻找买卖点，保守型的投资者则可以利用 DEA 线与股价的背离来寻找买卖点。

如图 3-19 所示，2022 年 12 月下旬，泰坦科技（688133）DIFF 线、DEA线都与股价形成了底背离，但投资者可以明显地看出，DIFF 线形成底背离的时间比 DEA 线略早。

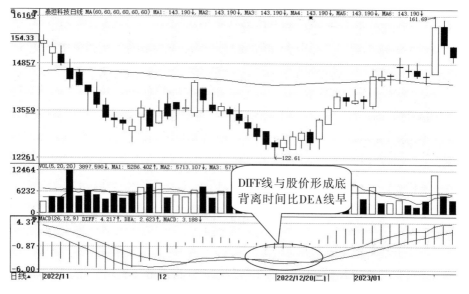

图 3-19　泰坦科技日 K 线

第二，信号更为可靠。

有时候，当 DIFF 线与股价形成背离形态时，DEA 线与股价却并没有明显的背离形态。这种情况大多时候是由市场原来趋势的动能仍较强烈所造成的，此时，DIFF 线与股价背离所形成的买卖信号，其可靠性较低。

如图 3-20 所示，2022 年 4 月底，云路股份（688190）的股价在下跌趋势中创出新低，而 DIFF 线没有创出新低，形成 DIFF 线与股价的底背离。但与此同时，DEA 线却再次创出新低，并没有形成底背离形态。这表明此时上涨动能虽然有所增强，但仍然没有占据优势。

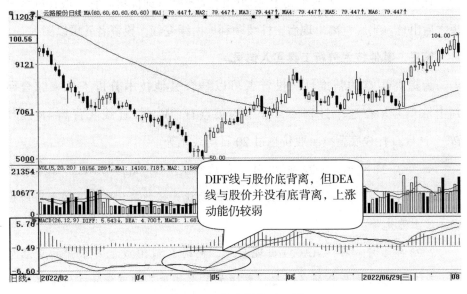

图 3-20　云路股份日 K 线

3.2.3　MACD 柱线与股价的背离

MACD 柱线与股价的背离是 MACD 指标的重要用法，在实战中应用极广。它分为底背离和顶背离。

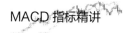

1. 底背离

MACD 柱线与股价的底背离是指当股价一波一波创出新低的时候，MACD 柱线却没有随之创出新低。这表示市场向上的动能正在积聚，随时可能转为上涨走势。

当底背离出现时，投资者可以通过三种方式来把握具体的买点。

第一，柱线本身的伸缩变化。

MACD 柱线本身具有较高的灵敏性，当底背离形态形成后，一旦某根柱线突然大幅缩短，就表明市场动能开始发生重大变化，投资者可以及时买入。

第二，柱线由绿变红。

柱线由绿变红，表明市场上涨动能已经开始占据优势。它一般在柱线缩短之后出现。当底背离出现后，柱线顺利地由绿变红，投资者就可以买入。

第三，其他技术分析工具买入信号。

为提高买点的精准性，投资者可以结合其他技术分析工具来综合研判上涨信号。在这个过程中，常用的买点有"MACD 柱线底背离 +K 线反转""MACD 柱线底背离 + 股价越过 20 日均线"等。

如图 3-21 所示，2022 年 12 月，奥比中光（688322）MACD 指标形成"柱线与股价底背离"形态，表明市场上涨动能开始积聚，股价有较大可能出现一波上涨走势。

2023 年 1 月 3 日，MACD 出现金叉，同时 K 线形成旭日东升的看涨形态，这三个买入信号叠加在一起，更增加了上涨意义的可靠性，投资者可以果断买入。

如图 3-22 所示，2022 年 10 月底，宁波联合（600051）的股价创出新低，但 MACD 柱线没有创出新低，形成柱线与股价的底背离形态，预示着市场上涨动能的不断增强。

11 月 1 日，MACD 形成"柱线与股价底背离 +K 线看涨吞没形态"的买入信号。之后股价出现了一波上涨走势。

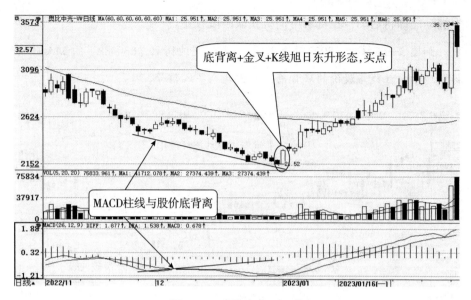

图 3-21　奥比中光日 K 线

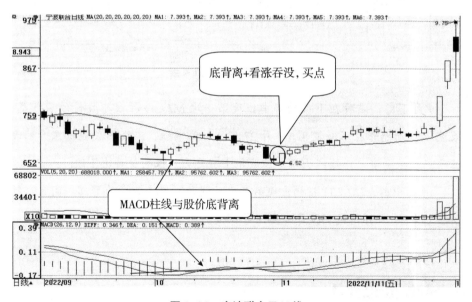

图 3-22　宁波联合日 K 线

在实战中，投资者有时候还会遇到 MACD 柱线与股价二次甚至多次底背
离的形态。与 DIFF 线与股价的二次甚至多次底背离类似，它代表着更强烈的

上涨动能即将启动，投资者可伺机获取波段收益。

如图 3-23 所示，2022 年 8 月至 10 月，艾迪药业（688488）的 MACD 指标出现两次柱线与股价的底背离，发出两个买入信号。

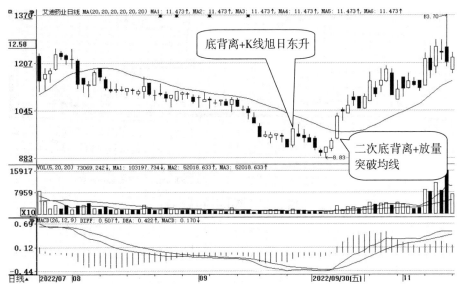

图 3-23　艾迪药业日 K 线

9 月下旬，该股在下跌趋势中出现第一次 MACD 柱线与股价的底背离，表明上涨动能正在不断聚集。9 月 27 日，柱线缩短，K 线形成旭日东升的看涨形态，投资者可以短线买入，但股价上涨乏力，很快就再次下跌。

10 月中旬，MACD 指标出现第二次柱线与股价底背离的形态。同时，股价放量突破 20 日均线。投资者要注意积极买入。

一般来说，MACD 柱线与股价底背离形成后，股价接下来将有一波上涨走势，但能否彻底地使趋势反转，还要看 DIFF 线的运行态势。

72

2. 顶背离

MACD 柱线与股价的顶背离是指在上涨走势中，股价创出新高时，MACD 柱线却没有创出新高。这表示市场向下的动能正在积聚，股价随时可能下跌。

与底背离类似，在实战中，根据多指标配合的原则，投资者可以结合以下三种方法使得卖出信号更为精准。

第一，柱线的大幅缩短。

MACD 柱线与股价的顶背离形成之后，一旦柱线突然大幅缩短，则表明市场下跌动能开始释放。投资者要注意及时卖出。

第二，柱线由红变绿。

MACD 柱线由红变绿表明市场下跌动能已经占据优势，它一般出现在柱线不断缩短之后。如果柱线与股价顶背离之后出现柱线由红变绿的态势，投资者要注意及时出场。

第三，其他技术分析工具的配合。

MACD 柱线与股价顶背离出现之后，如果其他技术分析工具也同时出现卖出信号，那么市场卖出意义的可靠性将大大增加，此时投资者要注意果断出场。该类卖出信号中常见的有"柱线与股价顶背离 +K 线反转形态"等。

如图 3-24 所示，2022 年 8 月至 9 月，深圳华强（000062）的股价创新高，但 MACD 柱线却没有创新高，形成柱线与股价的顶背离形态。这表明市场下跌动能开始不断积聚，股价随时有可能出现一波下跌走势。

9 月 29 日，股价大幅下跌，发出"MACD 柱线与股价顶背离 + 柱线由红变绿"的卖出信号。投资者要注意及时出场。

如图 3-25 所示，2022 年 6 月初，丰乐种业（000713）的股价创出新高，但 MACD 柱线却没有创出新高，形成柱线与股价的顶背离形态。这表明市场下跌动能正在不断增强，股价有可能出现一波下跌走势。

6 月 7 日，MACD 柱线突然大幅缩短，形成"柱线与股价顶背离 + 柱线大幅缩短"的卖出信号。投资者要注意及时出场，之后股价持续下跌。

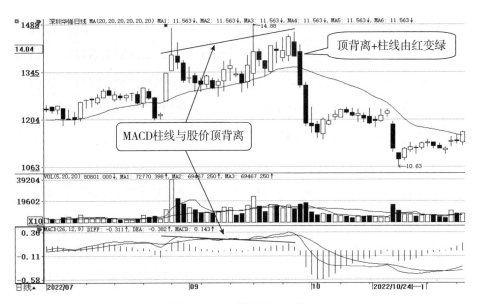

图 3-24　深圳华强日 K 线

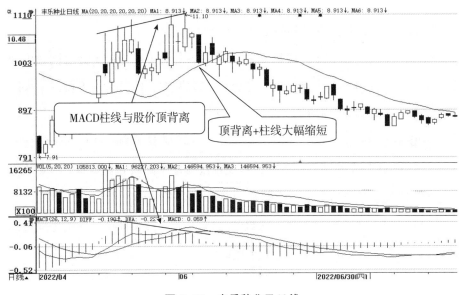

图 3-25　丰乐种业日 K 线

如图 3-26 所示，2022 年 11 月 22 日，贝瑞基因（000710）的 MACD 指标出现"MACD 柱线与股价顶背离 +K 线倾盆大雨形态"的卖出信号，投资者要注意把握这个卖点。

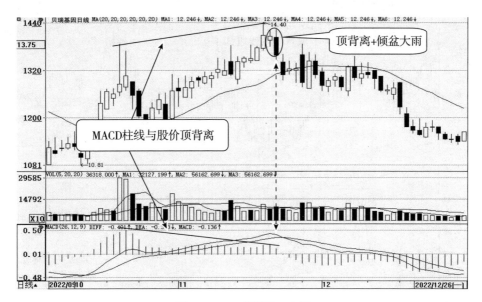

图 3-26　贝瑞基因日 K 线

前面介绍了 DIFF 线与股价的背离，柱线由于是 DIFF 线与其均线（DEA 线）差值的 2 倍，MACD 柱线的背离也就有了不同于 DIFF 线背离的地方。它主要表现在以下三个方面。

第一，出现的频率较高。

一般来说，在股价的运行过程中，柱线与股价背离出现的次数远多于 DIFF 线与股价背离的次数。

第二，在盘整中的特殊用法。

柱线与股价的背离在盘整走势中往往多次出现，投资者可以据此不断地高抛低吸来降低持股成本。而 DIFF 线与股价的背离不可能在盘整走势中出现。

如图 3-27 所示，2022 年 8 月到 2023 年 2 月，广发证券（000776）一直处于一波盘整状态中。2022 年 11 月 1 日，该股 MACD 指标形成"柱线与股价底背离 +K 线旭日东升"的看涨信号，投资者可以积极买入。

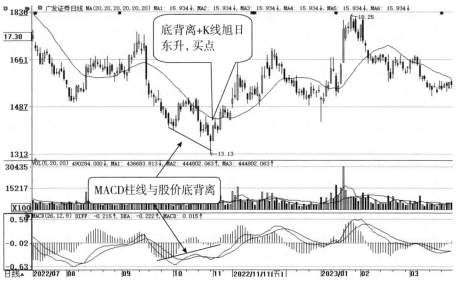

图 3-27　广发证券日 K 线

第三，多用于短线操作。

MACD 柱线与股价的背离对市场动能的反映较为灵敏，同时出现次数较多，因此投资者在使用中要注意甄别信号的可靠程度，以短线操作为主，除非 DIFF 线表明市场趋势即将出现重要变化。

3.2.4　MACD 柱线背离与 DIFF 线背离的关系

在实践中，柱线与股价的背离所发出的买卖信号虽然较多，但难以对趋势做出有效的判断，此时投资者可以结合 DIFF 线与股价的背离来进行综合研判。具体说来，这两种背离有以下两种组合的方式。

1. 柱线与股价底背离 +DIFF 线与股价不背离

这种形态表明市场在短期内有上涨动能在积聚，但上涨动能并不是很强，股价接下来有可能出现一波短期上涨走势，DIFF 线将随之回到零轴。但能否彻底地转势，还不能确定。此时投资者可以短线轻仓买入或暂且观望。

如图 3-28 所示，2022 年 11 月 1 日，居然之家（000785）的 MACD 指标虽然出现 "MACD 柱线与股价底背离 +K 线启明星" 的看涨信号，但此时 DIFF 线没有出现底背离，股价仍处于下跌趋势中，表明市场下跌动能仍很强。谨慎的投资者可以观望或轻仓买入，等股价真正转势后再加仓。

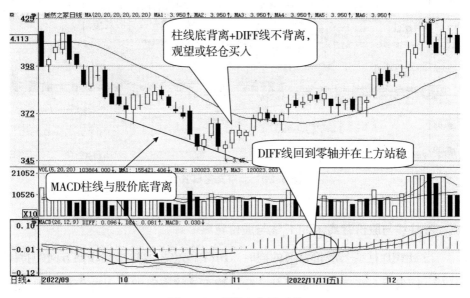

图 3-28　居然之家日 K 线

该信号顶背离与底背离一样，当出现 "MACD 柱线与股价顶背离 +DIFF 线与股价不背离" 时，表明市场下跌动能虽然在不断积聚，但上涨动能仍很强。之后股价是否彻底转势，还要看 DIFF 线的态势，此时投资者可以建仓或持股观望。

如图 3-29 所示，2022 年 12 月 9 日，北京文化（000802）的 MACD 指标出现 "MACD 柱线与股价顶背离 + 柱线大幅收缩 +K 线看跌吞没" 的卖出信号。但与此同时，DIFF 线正处于零轴上方，并没有出现顶背离，这表明市场下跌动能虽然积聚，但并不是很强。投资者可以建仓或持股观望。之后股价短暂回调后再创新高。

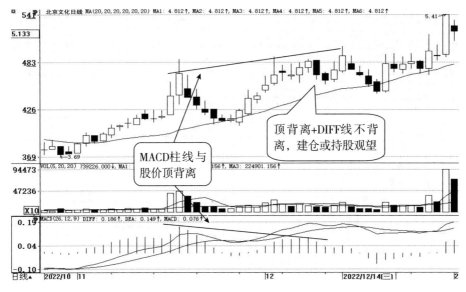

图 3-29　北京文化日 K 线

2. 柱线与股价背离 +DIFF 线与股价背离

当 MACD 柱线与股价背离的同时，DIFF 线也与股价出现相同方向的背离形态，就表明市场动能非常强劲，股价接下来将有一波较大的走势出现。投资者要注意把握这个买卖点。

如图 3-30 所示，2022 年 5 月 5 日，中信海直（000099）的 MACD 指标中出现"DIFF 线与股价底背离 +MACD 柱线与股价底背离 + 金叉"的买入信号，之后股价出现了一波上涨走势。投资者要注意把握这个买点。

如图 3-31 所示，2023 年 2 月 17 日，渤海租赁（000415）的 MACD 指标出现"DIFF 线与股价顶背离 +MACD 柱线与股价顶背离 + 死叉"的卖出信号。投资者要注意及时出场，之后股价彻底地由上涨趋势转为下跌趋势。

在实战中，还有一种特别的买卖信号，那就是"柱线二次甚至多次背离 +DIFF 线背离"。一旦见到这种信号，投资者就要高度警惕，它意味着股价可能很快出现一波较大的走势。

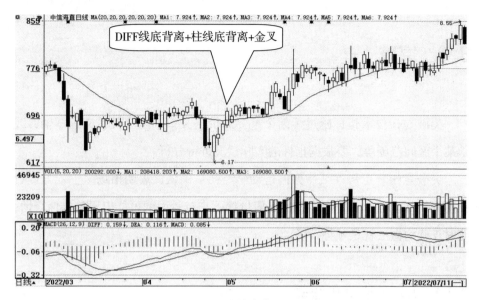

图 3-30　中信海直日 K 线

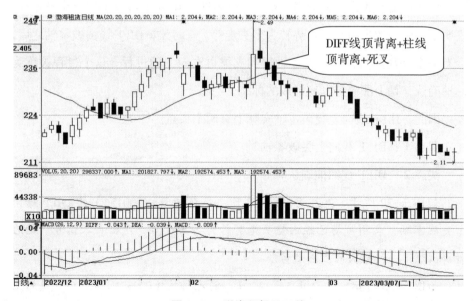

图 3-31　渤海租赁日 K 线

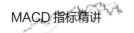

3.3 突破

突破是指技术指标越过了某个重要的价格关口，这个关口或是零轴，或是某个区间范围等，要根据指标的实际情况进行分析。

突破意味着走势往某一方向运动已经初步确认，表明市场多空双方经过长期的纠缠已经初步分出了胜负，股价接下来有较大的可能出现趋势性行情，此时正确的做法就是顺势入场。

3.3.1 DIFF 线突破零轴

MACD 指标的零轴表示多空双方的分界线。当 DIFF 线由下向上突破零轴，表明市场已经初步由空头走势转为多头走势。有时候，DIFF 线突破零轴之后，会有一个冲高回落，然后在零轴得到支撑再次向上的过程。这个过程被称为回抽确认，是上涨趋势彻底形成的标志。

因此，DIFF 线向上突破零轴实际上有两个买点。

买点 1： DIFF 线向上突破零轴时。

买点 2： DIFF 线回抽确认时。

如图 3-32 所示，2022 年 11 月 7 日，华数传媒（000156）的 DIFF 线向上突破零轴，表明市场已经由空头走势转为多头走势，发出买入信号。之后股价出现了一波较大的上涨趋势。

如图 3-33 所示，2022 年 5 月 26 日，创元科技（000551）的 DIFF 线向上突破零轴，表明市场已经初步由空头走势转为多头走势，买点 1 出现。2022 年 7 月 7 日，DIFF 线回抽确认，K 线同时出现启明星形态，买点 2 出现。之

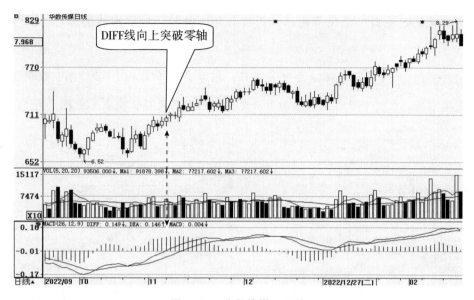

图 3-32　华数传媒日 K 线

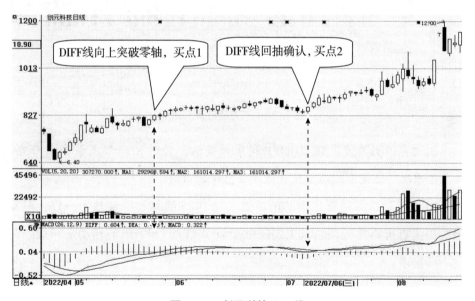

图 3-33　创元科技日 K 线

后该股股价持续上涨。

与 DIFF 线向上突破零轴类似，当 DIFF 线向下突破零轴时，表明市场已经初步地由多头走势转为空头走势，为卖点 1。有时候，DIFF 线跌破零轴之后，会有一个反弹确认的过程，是下跌趋势彻底形成的标志，为卖点 2。

　　如图 3-34 所示，2022 年 9 月 2 日，东方盛虹（000301）的 DIFF 线向下突破零轴，表明市场已经初步由多头走势转为空头走势，卖点 1 出现。

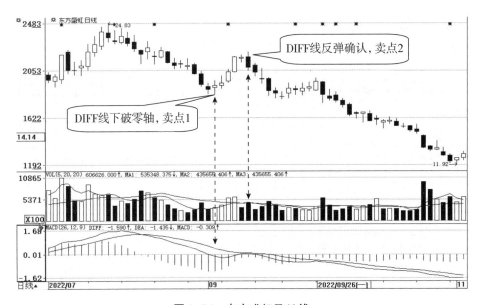

图 3-34　东方盛虹日 K 线

　　2022 年 9 月 9 日，该股 DIFF 线反弹确认，同时 K 线形成黄昏星形态，卖点 2 出现。还没有出场的投资者要注意及时出场。

　　DEA 线越过零轴所代表的市场意义与 DIFF 线越过零轴基本一致，但发出的买卖点可靠性更高。这主要是由于 DEA 线是 DIFF 线的移动平均线，在此不再赘述。

3.3.2　DIFF 线背离和突破零轴的关系

　　投资者要注意的是，DIFF 线突破零轴所形成的买卖点主要用来操作趋势性行情，在盘整行情中，利用 DIFF 线突破零轴所发出的买卖信号来操作，会频频失误。解决的方法之一是，看 DIFF 线突破零轴之前是否与股价形成了背离形态。如果 DIFF 线与股价背离之后顺利地突破零轴，买卖点的可靠性将大大增加。

如图 3-35 所示，2022 年 10 月 21 日，东鹏饮料（605499）的 DIFF 线出现"DIFF 线向上突破零轴"的买入信号。在这个买点发出之前，2022 年 10 月初，该股 MACD 指标已经出现了"DIFF 线与股价底背离"的看涨信号。这两个买点叠加在一起，出现上涨趋势的概率大大增加。之后该股股价出现了一波较大的上涨走势。

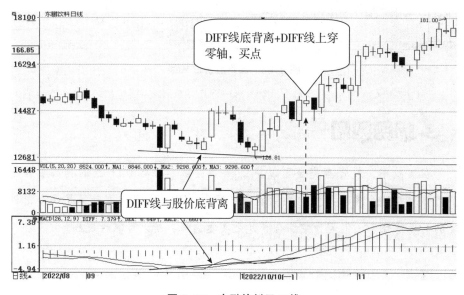

图 3-35　东鹏饮料日 K 线

如图 3-36 所示，2022 年 9 月 7 日，濮耐股份（002225）的 DIFF 线出现"DIFF 线向下突破零轴"的卖出信号。在该卖点发出之前，8 月下旬该股 DIFF 线与股价出现顶背离的看跌形态。这两个卖点结合在一起，出现彻底下跌趋势的概率大大增加。投资者要注意及时卖出。

图 3-36　濮耐股份日 K 线

在实战中，投资者完全可以将 DIFF 线突破零轴与 DIFF 线的背离看作一个整体。在这个整体所发出的买卖信号里面，DIFF 线突破零轴算是一个比较晚的买卖信号了。但因为它综合了几个买卖信号，所以可靠性更高。

3.4　支撑与阻力

支撑和阻力是指在技术指标中的某些关键位置，指标一旦触及这些位置，走势就会发生转折。之所以如此，是因为这些关键位置往往是大多数投资者的成本线或止损线所在，一旦触及这些位置，将会触及投资者的成本或止损，由于群体情绪的影响，就表现出了支撑或阻力的形态。支撑和阻力，往往导致支撑买点和阻力卖点的出现。

在组成 MACD 指标的几条线中，DEA 线是 DIFF 线的 9 日移动平均线，通过 DEA 线对 DIFF 线的支撑或阻力作用，就可以找到 MACD 指标的支撑买点和阻力卖点。

3.4.1　DIFF 线得到 DEA 线的支撑

DIFF 线得到 DEA 线的支撑又称拒绝死叉，是指在 DEA 线上方运行的 DIFF 线回调到 DEA 线附近，受到 DEA 线的支撑作用而再次向上的一种情形。它表明市场上涨动能仍具主导地位并再次发力，股价接下来将出现一波上涨走势。投资者可以在 DIFF 线重新回升时买入。

如图 3-37 所示，2022 年 6 月 13 日，长安汽车（000625）的 DIFF 线和 DEA 线形成拒绝死叉的形态。这表明市场多方动能仍居主导地位并再次发力，股价接下来有较大可能出现一波上涨走势。投资者可以积极买入。

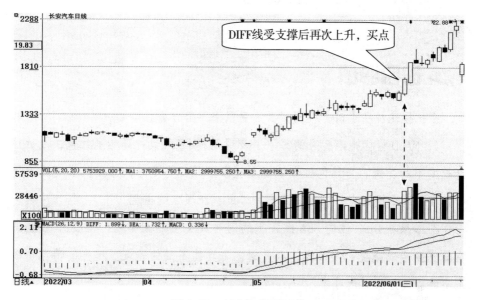

图 3-37　长安汽车日 K 线

如图 3-38 所示，2021 年 11 月 1 日，超图软件（300036）经过一波下跌走势后在底部企稳，MACD 指标的 DIFF 线与 DEA 线在零轴下方形成拒绝死叉形态。这是上涨动能即将启动的标志，投资者要注意把握这个买点。

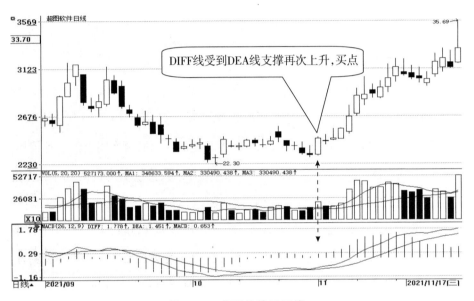

图 3-38　超图软件日 K 线

 **精讲提高**

在把握这种买点时，投资者要注意以下三个方面。

1. MACD 指标拒绝死叉的另一个表现是 MACD 柱线一开始呈红色，之后柱线长度不断变短。当红色柱线缩短到极限后并没有变绿，而是其长度再次变长。在实战中投资者可以用该形态来辅助判断买点的出现。

2. 如果在 DIFF 线向 DEA 线靠拢的同时成交量逐渐萎缩，而 DIFF 线获得有效支撑后成交量再次放大，则是对空方动能不足的验证。这样的情况下该形态的看涨信号更加可靠。

3. 这种 MACD 指标拒绝死叉的形态只有出现在上涨行情中才是最有效的看

涨信号（如长安汽车案例）。在股价大幅下跌途中，DIFF 线和 DEA 线的拒绝死叉形态，仅仅表示多方的一次小规模反抗。股价短期内可能小幅回升，但长期来看下跌行情还将继续（除非像超图软件案例那样有明显转势的信号）。

3.4.2　DIFF 线受到 DEA 线的阻力

DIFF 线受到 DEA 线的阻力又称拒绝金叉形态，是指在 DEA 线下方运行的 DIFF 线反弹向上但受到 DEA 线的阻力而再次向下的过程。它表明市场空方动能占据优势地位并再次发力，股价接下来将出现一波下跌走势。仍然持有股票的投资者要注意及时卖出。

如图 3-39 所示，2021 年 9 月 10 日，模塑科技（000700）的 DIFF 线与 DEA 线形成拒绝金叉形态。它表明市场下跌动能再次发力，股价即将出现一波下跌走势。投资者要注意及时卖出。

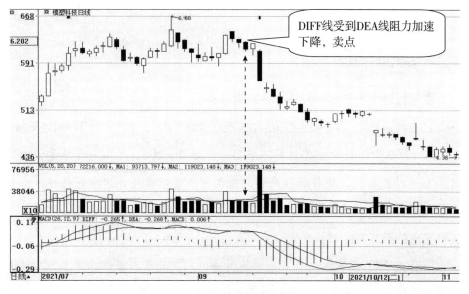

图 3-39　模塑科技日 K 线

如图 3-40 所示，从 2021 年 12 月开始，广发证券（000776）股价由涨转跌，在两个月里出现两次拒绝金叉形态。尤其当 2022 年 1 月 25 日第二次拒绝金叉出现时，市场下跌趋势已经基本形成，投资者要注意果断卖出。

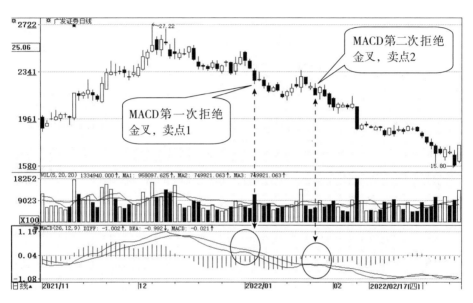

图 3-40　广发证券日 K 线

 精讲提高

在把握这个卖点时，投资者要注意以下三个方面。

1. 与拒绝死叉一样，拒绝金叉形态发生在零轴下方时，它代表的下跌动能更强。

2. MACD 指标拒绝金叉的另一个形态特点是，MACD 柱线一开始是位于零轴下方的绿色柱线。随着股价反弹，绿色柱线逐渐收敛。这组绿色柱线的长度缩短至极限后并没有翻红，而是再次发散。在实战中投资者可以用这两个同时出现的形态对照判断行情。

3. 如果 DIFF 线逐渐向 DEA 线靠拢的同时成交量逐渐萎缩，是多方后续力量不足的信号。在这种情况下，该形态的看跌信号会更加可靠。

3.5　形态

3.5.1　DIFF 线的 7 种买入形态

在实战中，DIFF 线的某些特定的运行轨迹出现之后，股价总是出现较大的上涨或下跌走势。这种特定的轨迹就是本节所要讲述的 DIFF 线的形态，它主要有 7 种，下面分别加以介绍。

1. 佛手向上

佛手向上形态是指当 MACD 指标出现金叉之后，伴随着股价的上涨，DIFF 线和 DEA 线也随之上升，之后，股价回调，DIFF 线也随之回调，然后再次向上，同时 MACD 柱线始终在零轴上方。

投资者在判断该形态时，MACD 指标的参数一般要修改为 12/26/27，如图 3–41 所示。

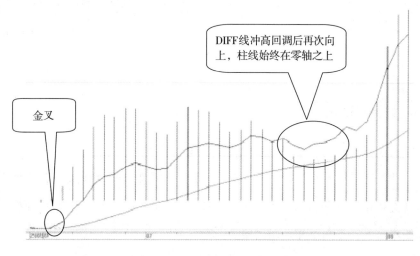

图 3–41　佛手向上形态

佛手向上形态中，DIFF 线短暂回调时还没有到 DEA 线附近就再次向上，表明市场上涨动能非常强劲，股价接下来将出现一波较大的上涨走势。投资者可以在 DIFF 线再次向上时积极买入。

如图 3-42 所示，2022 年 11 月 2 日，酒鬼酒（000799）的 MACD 指标出现金叉。之后伴随着股价的上涨，DIFF 线和 DEA 线也随之上升。11 月底，伴随着股价的回调，DIFF 线在经过回调之后再次向上，同时柱线始终在零轴上方，形成佛手向上形态。投资者可以在 11 月 29 日 DIFF 线放量上升时及时买入。

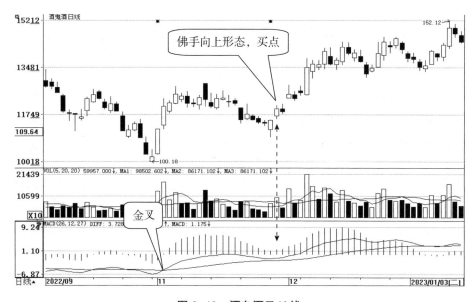

图 3-42　酒鬼酒日 K 线

 **精讲提高**

在把握佛手向上形态时，投资者要注意以下两个方面。

1. MACD 指标的参数变化后，DEA 线实际上成为 DIFF 线的 27 日移动平均线，其支撑阻力作用大大增加。在该形态中，DIFF 线回调时还没到 DEA 线附近就再次向上，可见上涨动能之强。

2. 该形态出现时，如果 DIFF 线和 DEA 线都在零轴上方，上涨动能会更强。

2. 小鸭出水

小鸭出水形态是指 DIFF 线在零轴下方金叉 DEA 线之后，没有上穿零轴或刚上穿零轴一点就回到零轴之下，然后向下死叉 DEA 线，几天以后再次金叉 DEA 线。该形态如图 3-43 所示。

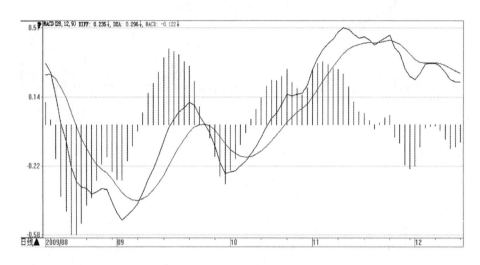

图 3-43　小鸭出水形态

小鸭出水形态，表明市场在经过蓄势之后，上涨动能再次占据优势地位，股价接下来将出现一波上涨走势。投资者可以在第二个金叉出现之后，及时买入。

当第二个金叉出现前后，股价再次创下新低时，该形态甚至演变为 DIFF 线与股价的底背离形态。由此可见其上涨动能的强度。

如图 3-44 所示，2022 年 12 月 5 日，兰州黄河（000929）的 MACD 指标在零轴之下出现二次金叉，形成小鸭出水形态。这表明上涨动能已经占据优势地位，股价接下来将出现一波上涨走势。投资者可以积极买入。

如图 3-45 所示，2023 年 3 月 21 日，华软科技（002453）的 MACD 指标在零轴之下二次金叉，形成小鸭出水形态，发出买入信号。与此同时，DIFF 线与股价形成底背离形态。投资者可以积极买入。

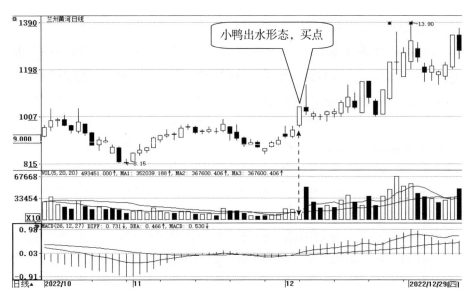

图 3-44　兰州黄河日 K 线

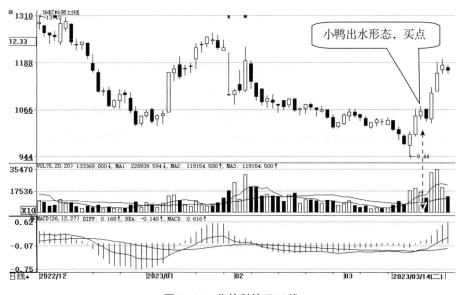

图 3-45　华软科技日 K 线

3. 漫步青云

漫步青云形态是指 DIFF 线在零轴上方死叉 DEA 线后不断向下，然后再次上升，在零轴上方金叉 DEA 线。该形态如图 3-46 所示。

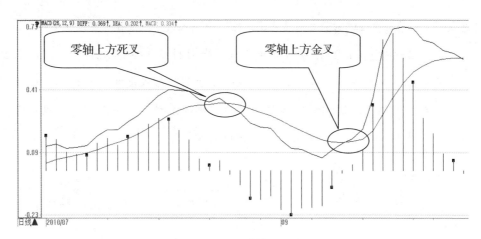

图 3-46　漫步青云形态

漫步青云形态表明市场原来处于上涨趋势中，之后下跌动能虽然短暂占据优势，但趋势并没有反转。股价蓄势之后再次上涨延续原来的上涨趋势。投资者可以在零轴上方金叉出现的时候积极买入。

如图 3-47 所示，2023 年 2 月 28 日，中际联合（605305）的 MACD 指标在零轴上方出现金叉，再加上 2 月 10 日出现的零轴上方死叉，形成了漫步青云形态。

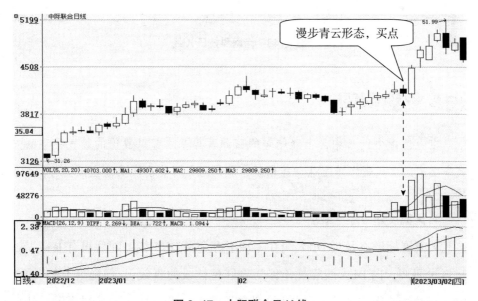

图 3-47　中际联合日 K 线

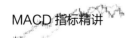

这表明上涨趋势在经过蓄势之后将再次延续，为买入信号。投资者可以积极买入。

如图 3-48 所示，2022 年 6 月至 7 月，南网科技（688248）的 MACD 指标在零轴上方先出现一个死叉，又出现一个金叉，形成漫步青云形态。这表明上涨趋势经过一段时间的回调蓄势之后将再次启动，为买入信号。投资者可以在 7 月 11 日零轴上方金叉形成时积极买入。

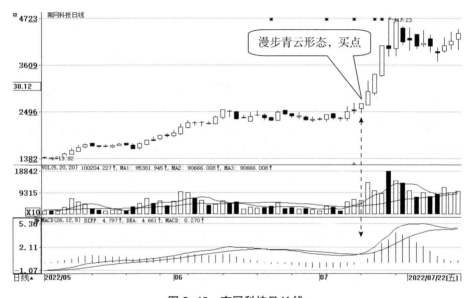

图 3-48 南网科技日 K 线

 实战经验

在上述两个例子中，上涨趋势的回调蓄势基本都以股价的缓缓平移的方式来实现，它代表市场上涨动能较强，股价随时可能出现一波上涨走势。

4. 天鹅展翅

天鹅展翅形态是指 DIFF 线在零轴下方金叉 DEA 线，随后没有上穿零轴就再次回调，向 DEA 线靠拢（伴随着红色柱线的收敛），但随后 DIFF 线在 DEA 线位置获得支撑后再次向上（伴随着红色柱线的发散），突破零轴并持续向上。该形态如图 3-49 所示。

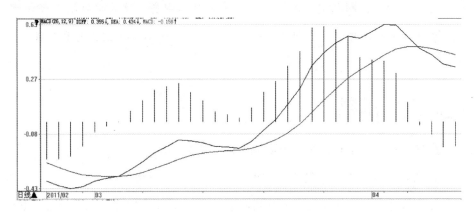

图 3-49　天鹅展翅形态

天鹅展翅形态表明，在多空交战的关键时刻，上涨动能经过短暂的蓄势之后，临门一脚，市场发生质变，开始由空头走势转为多头走势。投资者可以在 DIFF 线再次向上时积极买入，更加慎重的投资者可以在 DIFF 线向上突破零轴时买入。

如图 3-50 所示，2022 年 3 月 22 日，威孚高科（000581）的 DIFF 线在

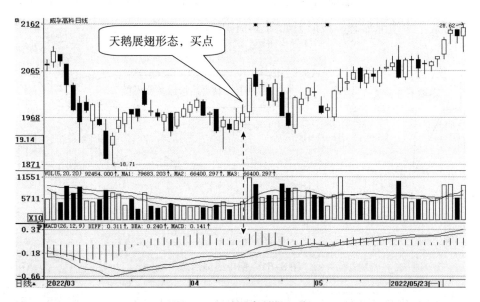

图 3-50　威孚高科日 K 线

零轴下方金叉 DEA 线，之后没有上穿零轴就再次向下，在得到 DEA 线的支撑之后再次向上，顺利突破零轴，形成天鹅展翅形态。这表明市场已经由空头走势转为多头走势，投资者可以在 4 月 15 日 DIFF 线再次向上时积极买入。

 **精讲提高**

在把握这种买点时，投资者要注意以下两个方面。

1.天鹅展翅形态可以简化为"MACD 指标零轴之下金叉 + 拒绝死叉"。

2.实战中，一旦股价在 MACD 指标拒绝死叉时再创新低，往往形成 DIFF 线与股价的底背离形态。

5. 空中缆绳

空中缆绳形态是指 DIFF 线在零轴之下金叉 DEA 线之后，在零轴上方运行，然后伴随着股价的回调，DIFF 线也开始向下回调，当 DIFF 线回调到 DEA 线的时候，两条线黏合成为一条线，当它们再次分离形成多头发散时，即形成空中缆绳形态。该形态如图 3-51 所示。

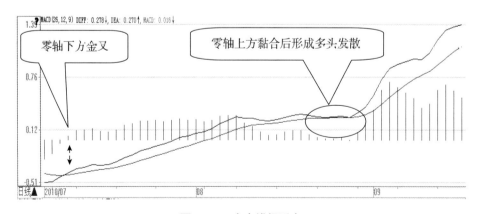

图 3-51　空中缆绳形态

空中缆绳形态是一种强烈的看涨信号。当零轴下方金叉形成，且 DIFF

线、DEA 线顺利向上突破零轴时，表明市场上涨趋势已经形成，此时 DIFF 线回调与 DEA 线黏合在一起，表明市场正在积极蓄势，之后 DIFF 线选择向上，表明上涨动能再次启动，股价将出现一波较大的上涨走势。投资者可以在 DIFF 线向上发散时积极买入。

如图 3-52 所示，2022 年 5 月 9 日，芯能科技（603105）的 DIFF 线在零轴下方金叉 DEA 线，之后 DIFF 线和 DEA 线向上顺利突破零轴。这表明市场上涨趋势已经初步形成。

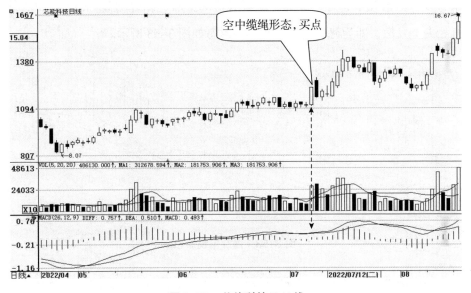

图 3-52　芯能科技日 K 线

2022 年 7 月 7 日，该股 DIFF 线冲高回落，和 DEA 线在零轴上方黏合之后出现多头发散，形成空中缆绳形态。这表明上涨动能再次启动，股价即将出现一波上涨走势。投资者要注意把握这个买点。

 实 战 经 验

在实战中，投资者要注意以下两个方面。

1. 该形态在实战中虽然较少出现，但一旦出现，之后股价往往急速上升，甚至在短时间内连续出现多个涨停板。

2. 为更准确地把握买点，投资者可以结合其他技术分析工具来综合判断。

6. 海底电缆

海底电缆是指 MACD 指标在零轴下方运行较长一段时间（一般要超过 1 个月），DIFF 线金叉 DEA 线之后，两条线不是强劲上升，而是逐渐黏合成一条直线，数值几乎相等，最后伴随着股价的上涨，黏合的 DIFF 线和 DEA 线开始向上发散，即为海底电缆形态。该形态如图 3-53 所示。

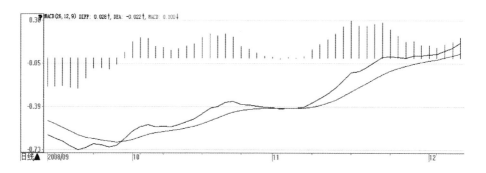

图 3-53　海底电缆形态

海底电缆形态表明，市场经过较长时间的下跌后，上涨动能逐渐开始积聚。特别是经过 DIFF 线和 DEA 线的黏合之后，一旦出现多头发散，就表明上涨动能经过蓄势之后，已经占据主动地位，接下来股价将持续一波上涨走势。投资者可以在 DIFF 线、DEA 线开始向上发散时积极买入。

如图 3-54 所示，2022 年 10 月 17 日，移远通信（603236）在经过一段时间的下跌趋势后，MACD 指标在零轴下方出现金叉。之后 DIFF 线和 DEA 线在缓缓上升一段时间后逐渐黏合在一起。

2023 年 1 月 3 日，DIFF 线和 DEA 线经过黏合之后开始向上发散，形成海底电缆形态，表明上涨动能已经占据主动地位。投资者可以积极买入。

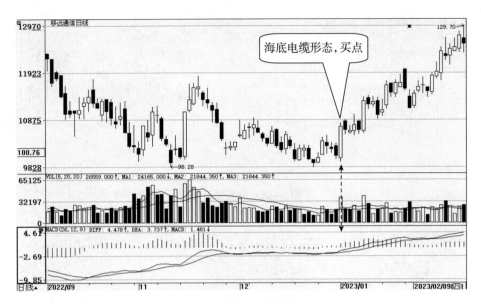

图 3-54　移远通信日 K 线

 实 战 经 验

在实战中，投资者要注意以下三个方面。

1. 该形态与天鹅展翅形态的市场意义相似，但上涨动能不及天鹅展翅形态。

2. DIFF 线和 DEA 线经过黏合之后再次向上，股价将出现一波上涨走势。但趋势是否就此彻底反转，还不能最终确定。

3. DIFF 线和 DEA 线的黏合，持续时间越久，之后的上涨动能就越强。

7. 海底捞月

海底捞月形态是指 MACD 指标在零轴下方出现二次金叉。该形态如图 3-55 所示。

海底捞月形态表明下跌趋势已经到了末期，市场筑底已经完成，股价开始走出底部，投资者可以择机买入。

如图 3-56 所示，2022 年 5 月 6 日，新余国科（300722）的 MACD 指标

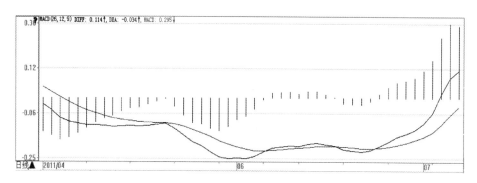

图 3-55　海底捞月形态

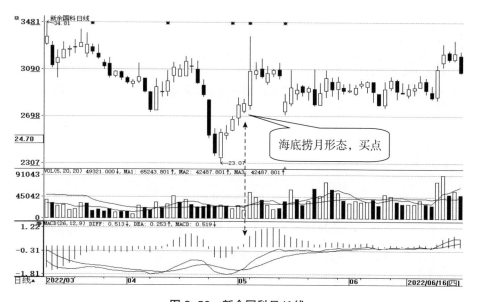

图 3-56　新余国科日 K 线

在零轴下方出现二次金叉，形成海底捞月形态。这表明市场筑底完成，股价
将持续一波上涨走势。投资者可以积极买入。

 实战经验

在实战中，投资者要注意以下两个方面。

1. 该形态在实战中最为常见，如果在第二次金叉的时候，DIFF 线与股价底背离，则上涨动能更为强劲。

2. 二次金叉之后，下跌趋势是否就此彻底反转，还不能确定。因此，在第二次金叉时买入的投资者要密切关注 DIFF 线向上突破零轴等转势信号。

3.5.2　MACD 柱线的 5 种买卖形态

通过前两章的内容，投资者已经了解 MACD 柱线是快线 DIFF 和慢线 DEA 的差值形成的。因此，从 MACD 柱线的图形特征可以判断 DIFF 线带动 DEA 线的速度和力度，这也就反映了市场动能的变化情况。

根据柱线的图形特征可以将 MACD 柱线分为如下 5 种形态：单峰（谷）形态、双重峰（谷）形态、三重峰（谷）形态、汤匙形态、零轴上下方徘徊形态。下面分别加以介绍。

1. 单峰（谷）形态

单峰形态是指在零轴上方，一组与绿色柱线相邻的红色柱线经过一次发散和收敛所构成的像山峰一样的形态，如图 3-57 所示。

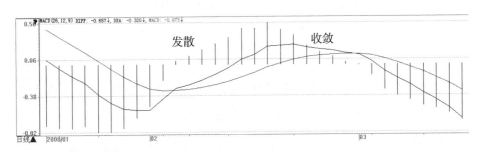

图 3-57　单峰形态

单峰形态大多是股价的短线上涨造成的，多发生在市场分歧较大的位置。此时投资者是否入场，要结合其他技术分析工具来综合判断。

综合判断后，如果市场接下来有较大可能出现下跌趋势，则单峰形态就

是最好的卖出时机，投资者可以在柱线大幅收敛的时候积极卖出。如果市场
处于震荡行情中，投资者可以不予操作或短线卖出，具体卖出时机仍然是柱
线的大幅收敛时。如果市场接下来有较大可能出现上涨趋势，投资者要注意
持股待涨。

如图 3-58 所示，2022 年 3 月 24 日至 4 月 8 日，亚邦股份（603188）的
MACD 柱线出现单峰形态。

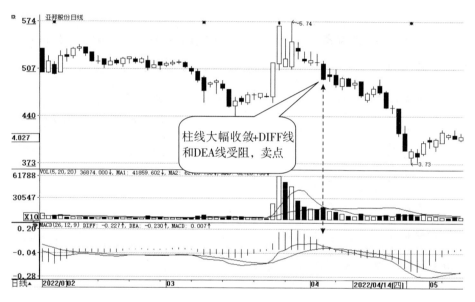

柱线大幅收敛+DIFF线
和DEA线受阻，卖点

图 3-58　亚邦股份日 K 线

4 月 7 日，在零轴上方的柱线开始大幅收敛，同时该股 DIFF 线和 DEA
线长期在零轴下方运行，此时在零轴附近再次受到阻力作用，股价延续原来
下跌趋势的概率较大。投资者可以积极卖出持股。

单谷形态与单峰形态相反，由一组与红柱线相邻的绿柱线经过一次发散
和收敛所构成，如图 3-59 所示。

单谷形态多由股价的短暂下跌造成，此时市场分歧较大，投资者是否买
入需要结合其他技术分析工具综合研判市场的趋势。

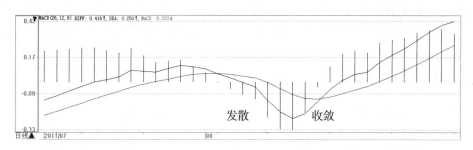

图 3-59　单谷形态

当市场即将出现一波上涨趋势时，单谷形态就是最好的买入时机，投资者可以在柱线大幅收敛时积极买入。市场处于盘整行情时，投资者可以观望或在柱线收敛时短线买入。当市场处于下跌趋势时，投资者要注意持币观望。

如图 3-60 所示，2022 年 3 月 8 日至 22 日，富佳股份（603219）的 MACD柱线出现单谷形态。

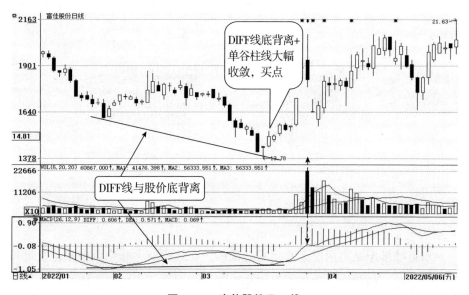

图 3-60　富佳股份日 K 线

3 月 17 日，该股 MACD 柱线开始大幅向上收敛，与此同时 DIFF 线与股价形成底背离，表明市场即将出现一波上涨趋势。这两个买点叠加在一起，

上涨可能性大大增加，此时投资者可以积极买入。

在把握这种形态时，投资者要注意以下两个方面。

1.单峰（谷）形态本身作为买卖点所代表的下跌（上涨）意义并不是很强，更多地作为一种"扣扳机"的工具，配合其他趋势性指标来确定最终的买卖点。

2.投资者要特别注意 DIFF 线的形态，因为 MACD 柱线的变动就是描述它的。

2.双重峰（谷）形态

双重峰形态是指在零轴上方，一组与绿柱线相邻的红柱线经过两次发散与收敛的过程，形成两个峰值，呈现出如同两个山峰一样的形态，如图 3-61 所示。

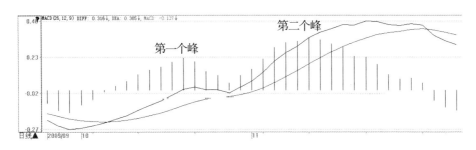

图 3-61　双重峰形态

双重峰形态是由两波上涨走势造成的，在这两波上涨走势中间，股价只经过幅度很小的回调，表明此时市场上涨动能很强。当第二个峰形成后，如果市场仍处于上涨趋势，投资者可以在接下来的回调中伺机买入；如果市场即将出现下跌趋势或正处于下跌趋势，投资者可以在第二个峰之后柱线大幅收敛时及时卖出。

双重峰形态中两个峰的高低对走势也有一定的研判作用。当第二个峰低于第一个峰时，表明上涨动能较弱。特别是此时一旦股价创出新高，就形成了柱线与股价的顶背离形态，接下来股价出现一波下跌走势的概率极大。

如图 3-62 所示，2022 年 7 月 28 日至 8 月 25 日，金辰股份（603396）的 MACD 柱线形成双重峰形态。

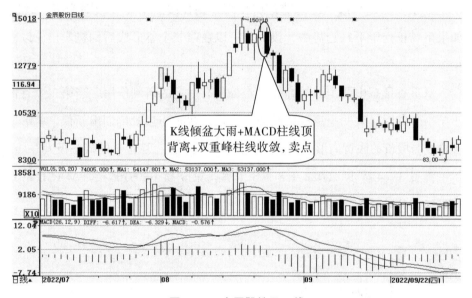

图 3-62　金辰股份日 K 线

8 月中下旬，第二个峰逐渐形成，MACD 柱线与股价形成顶背离形态。8 月 24 日，柱线明显收敛，K 线组合形成倾盆大雨的看跌形态。这些看跌意义明显的信号叠加，表明市场下跌即将开始，投资者要注意及时卖出持股。

双重谷形态与双重峰形态相反，在零轴之下，一组与红柱线相邻的绿柱线经过两次发散和收敛之后，形成两个谷一样的形态，如图 3-63 所示。

双重谷形态是由两波下跌走势造成的，在这两波下跌走势中间，股价只经过幅度较小的反弹，表明市场下跌动能较强。当第二个谷形成后，如果市

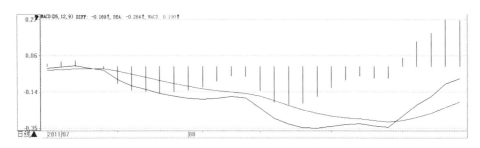

图 3-63　双重谷形态

场正处于上涨趋势或上涨趋势即将出现，则柱线的明显收敛即为买入时机；如果市场正处于下跌趋势中，投资者可以在第二个谷形成后伺机卖出，以减少损失。

　　双重谷形态中两个谷的高低对走势也有一定的研判作用。当第二个谷低于第一个谷时，表明上涨动能较强。特别是此时一旦股价创出新低，就形成了柱线与股价的底背离形态，接下来股价出现一波上涨走势的概率极大。

　　如图 3-64 所示，2022 年 8 月至 9 月，聚合顺（605166）的 MACD 柱线形成双重谷的形态。

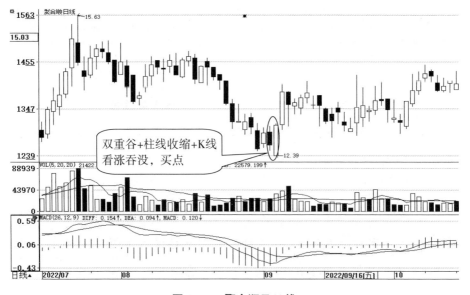

图 3-64　聚合顺日 K 线

9 月 5 日，双重谷形态的第二个谷开始向上快速收敛，此时 K 线形成看涨吞没形态，股价接下来出现上涨走势的概率较大。投资者此时可以积极买入。

如图 3-65 所示，2021 年 9 月至 10 月，利柏特（605167）的 MACD 柱线形成双重谷的形态。

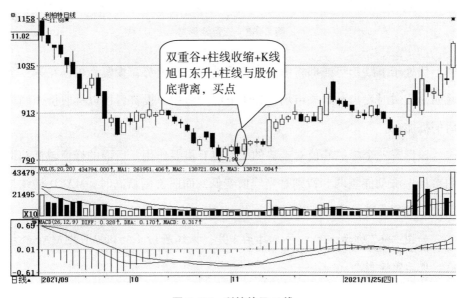

图 3-65　利柏特日 K 线

10 月底，当第二个谷形成时，MACD 柱线与股价形成明显的底背离形态。11 月 3 日，股价 K 线形成旭日东升形态，柱线也明显收缩。多个看涨信号集中出现，说明一波上涨走势即将形成，投资者要注意把握该买点。

3. 三重峰（谷）形态

三重峰形态是指在零轴上方，一组与绿柱线相邻的红柱线经过三次发散和收敛的过程，形成三个峰值，呈现出如同三个山峰一样的形态。最常见的是中间峰值高于两侧峰值的情况，被称为头肩顶形态。三重峰形态如图 3-66 所示。

三重峰形态是三波上涨走势造成的，这三波上涨走势中间，股价只经过两次短暂的回调，表明市场上涨动能较强。当第三个峰形成后，如果市场整

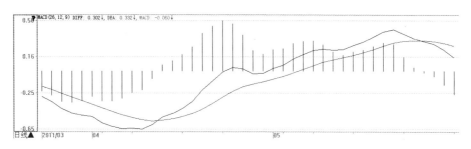

图 3-66　三重峰形态

体上仍处于下跌趋势或即将由多头走势转为空头走势，投资者可以在第三个峰明显收敛时卖出；如果市场仍处于上涨趋势中，投资者可以等股价回调之后伺机加仓。

该形态三个峰的峰值对走势的研判也有重要作用。后面的峰值越低，说明市场上涨动能越弱。特别是当峰值变低，而股价创新高时，MACD 柱线与股价形成顶背离，是明显的卖出信号。

如图 3-67 所示，2023 年 1 月至 3 月，振江股份（603507）的 MACD 柱线出现三重峰形态。

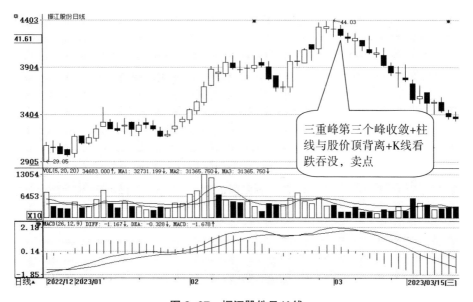

三重峰第三个峰收敛+柱线与股价顶背离+K线看跌吞没，卖点

图 3-67　振江股份日 K 线

3月2日，三重峰形态第三个峰开始明显收敛。同时该股形成 MACD 柱线与股价顶背离的看跌形态，其 K 线形成看跌吞没形态。这三个卖出信号叠加在一起，市场下跌意义更加强烈，投资者要注意及时卖出持股。

三重谷形态与三重峰形态相反。在零轴下方，一组与红柱线相邻的绿柱线经过三次发散与收敛之后，形成三个山谷一样的形态，即为三重谷形态。较为常见的一种三重谷形态为中间谷值低于两侧谷值的形态，被称为头肩底形态。三重谷形态如图 3-68 所示。

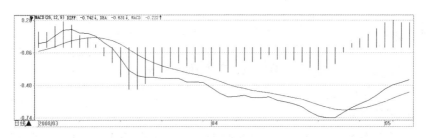

图 3-68　三重谷形态

三重谷形态是由三波下跌走势造成的，这三波下跌走势中间，股价只经过短暂的上涨，表明市场下跌动能较强。之后的走势，如果市场仍处于上涨趋势或即将由空头走势转为多头走势，投资者可以在第三个峰明显收敛时积极买入；如果市场处于下跌趋势中，投资者最好持币观望或短线买入。

三重谷形态中，当后面谷值高于前面，而股价却创出新低时，表明市场形成了 MACD 柱线与股价的底背离，为买入信号。

如图 3-69 所示，2022 年 8 月至 10 月，芳源股份（688148）的 MACD 柱线形成三重谷形态。

10 月 12 日，三重谷形态第三个谷开始明显向上收敛，柱线由绿变红。同时该股 MACD 柱线与股价形成底背离。这表明市场上涨动能占据优势，投资者要注意短线买入。

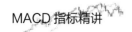

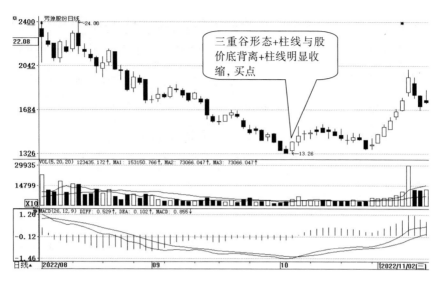

三重谷形态+柱线与股价底背离+柱线明显收缩，买点

图 3-69　芳源股份日 K 线

4. 汤匙形态

汤匙形态根据 MACD 柱线在零轴上方和下方的不同，而分为汤匙渐高形态和汤匙渐低形态。

汤匙渐高形态是指在零轴上方，一组红色柱线逐渐向上发散，然后快速向下收敛所形成的形如汤匙的形态，如图 3-70 所示。

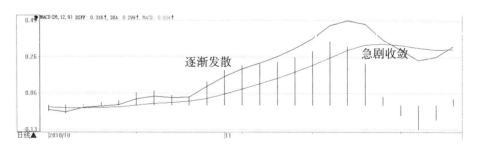

逐渐发散　　　急剧收敛

图 3-70　汤匙渐高形态

在汤匙渐高形态中，汤匙前面平缓的"手柄"是股价在较长一段时间内接二连三地上涨所造成的；之后柱线的急剧收敛，是上涨行情戛然而止，股价短期内快速下跌所造成的。这种情况往往与上市公司的某些不利消息密切相关。

因此，汤匙渐高形态一旦柱线突然向下急剧收敛，投资者要注意适当减仓操作。

如图 3-71 所示，2022 年 12 月底至 2023 年 2 月初，豪能股份（603809）的 MACD 柱线出现汤匙渐高形态。2 月 6 日，MACD 柱线向下急剧收敛，表明股价前期的持续上涨戛然而止。投资者要注意及时减仓。

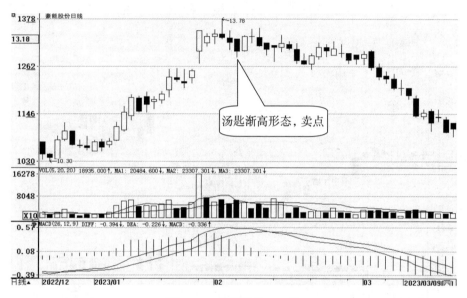

图 3-71　豪能股份日 K 线

汤匙渐低形态与汤匙渐高形态相反。在零轴下方，一组绿柱线先发散，之后快速大幅收敛而形成的形如汤匙一样的形态，即为汤匙渐低形态，如图 3-72 所示。

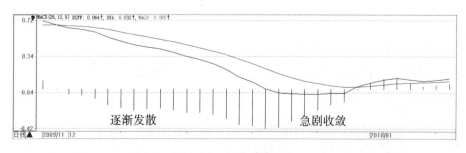

图 3-72　汤匙渐低形态

汤匙渐低形态表明市场下跌走势戛然而止，股价短期内上涨动能突然发动。它往往是由某些重要的利好消息公布所致。投资者一旦见到这种形态，可以在柱线明显收敛时轻仓买入，但要注意严格止损。

如图 3-73 所示，2022 年 12 月中旬至 2023 年 1 月初，曲美家居（603818）的 MACD 柱线出现汤匙渐低形态。2023 年 1 月 4 日，MACD 柱线向上急剧收敛，表明股价前期的持续下跌戛然而止。投资者可以适当轻仓买入。

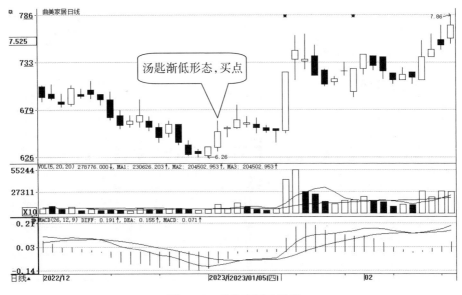

图 3-73　曲美家居日 K 线

5. 零轴上下方徘徊形态

零轴上方徘徊形态是指在零轴上方附近，一组长度极短的红柱线参差排列，形成没有明显规律的柱线形态，如图 3-74 所示。

零轴上方徘徊形态中，DIFF 线和 DEA 线几乎贴在一起运行，表明股价波动较小，市场正延续原来的趋势。此时投资者应该延续原来的交易策略，持股的投资者要注意不要随便卖掉，持币观望的投资者要注意不要随便入场。

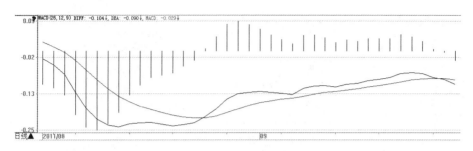

图 3-74　零轴上方徘徊形态

如图 3-75 所示，2022 年 8 月，武进不锈（603878）的 MACD 柱线一直都在零轴上方徘徊，且柱线较短，形成零轴上方徘徊形态。这段时间内，DIFF 线贴近 DEA 线一直都在零轴上方运行，表明市场一直处于上涨趋势中。投资者此时要注意持股待涨。

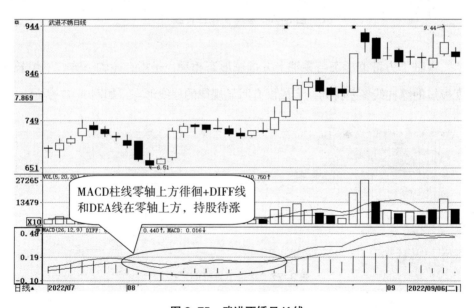

图 3-75　武进不锈日 K 线

如图 3-76 所示，2022 年 2 月 11 日至 3 月 4 日，桃李面包（603866）的 MACD 柱线形成零轴上方徘徊形态。这段时间内，DIFF 线贴近 DEA 线一直都在零轴下方运行，表明市场一直处于下跌趋势中。投资者要注意持币观望。

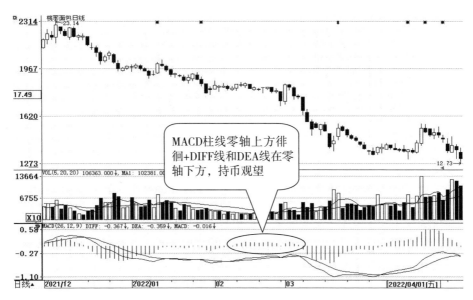

图 3-76　桃李面包日 K 线

　　零轴下方徘徊形态与零轴上方徘徊形态相反，是指在零轴下方，一组长度极短的绿柱线参差排列，形成没有明显规律的柱线形态，如图 3-77 所示。

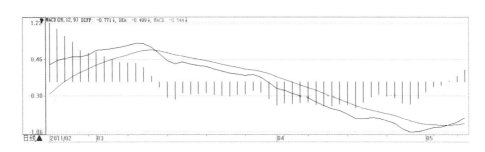

图 3-77　零轴下方徘徊形态

　　零轴下方徘徊形态形成时，DIFF 线在 DEA 线下方运行，且两条线几乎贴在一起，表明股价波动较小，市场正延续原来的趋势。此时投资者应该延续原来的交易策略，持股的投资者要注意不要随便卖掉，持币观望的投资者要注意不要随便入场。

　　如图 3-78 所示，2022 年 2 月 11 日至 3 月 4 日，元祖股份（603886）的

MACD 柱线形成零轴下方徘徊形态。这段时间内，DIFF 线和 DEA 线一直都在零轴下方运行，表明市场整体上仍处于下跌趋势中。投资者要注意持币观望。

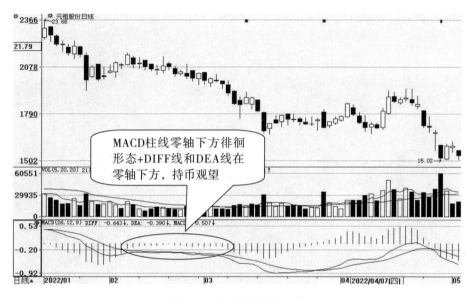

图 3-78　元祖股份日 K 线

第 4 章

MACD 指标与趋势理论

4.1　趋势理论

4.1.1　趋势的基本概念

按照不同的角度，趋势可以分为不同的种类。

1. 按照级别划分

在道氏理论中，将趋势按照级别分为三种，分别是主要趋势、次级趋势和日间杂波。

主要趋势是股市整体向上或者向下的运动，也就是常说的牛市和熊市，其持续时间较长，可能会是几年。

次级趋势是针对主要趋势的重大回调走势。在牛市中，就是重要的回调下跌运动；在熊市中，就是重要的反弹上涨运动。这些反向的运动，通常持续数周到数月不等。

日间杂波就是指股市的日间波动，通常是不重要的股价运动。

三种不同趋势的表现形式，如图 4-1 所示。

在图 4-1 的左侧，显示的是上证综指的主要趋势。在整个主要趋势中，包含着几个重要的调整走势，即次级趋势。图 4-1 的右上方，就是其中一个次级趋势的放大图。主要趋势与次级趋势中，又包含着许许多多的日间杂波。图 4-1 的右下方，就是一个日间杂波。

2. 按照方向划分

按照不同的方向，趋势可以划分为上升趋势、下降趋势和水平趋势。

如果上升浪能够不断地创出新高，同时每波的低点总是高于前期的低点，那么当前的趋势就是上升趋势。

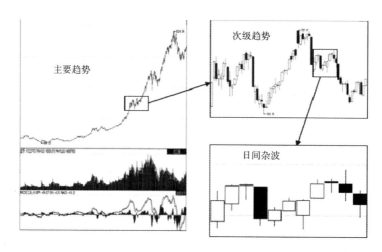

图 4-1　不同级别的三种趋势

如果上升浪无法超过前期的高点，随后的下跌却比前期低点低，那么当前趋势就是下降趋势。

如果上升浪的高点与前期高点基本相同，随后的下跌低点也与前期低点基本相同，那么当前趋势就是水平趋势。

这三种不同趋势的具体表现，如图 4-2 所示。

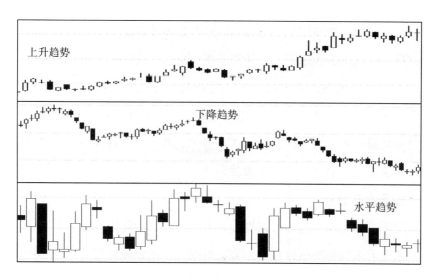

图 4-2　不同方向的三种趋势

4.1.2　趋势线的画法

按照趋势运行方向的不同，趋势线可以分为上升趋势线和下降趋势线。

在上涨趋势中，连接两个或两个以上的波段低点得到一条线，并且使落在这条线上的低点尽可能地多，即为上升趋势线，如图 4-3 所示。

图 4-3　上升趋势线

在下跌趋势中，连接两个或两个以上的波段高点得到一条线，并使得落在这条线上的高点尽可能地多，即为下降趋势线，如图 4-4 所示。

投资者在画线时，需要注意以下两个方面。

第一，选择的高点或低点，应该在同一级别趋势中，而且是较为重要的高点或低点。

第二，趋势线的画法是否适当，有一个非常重要的判断标准，就是"落在上面的低点或者高点要尽可能地多"。

如图 4-5 所示，同一段上升趋势中，画出了两条趋势线。下方的趋势线，

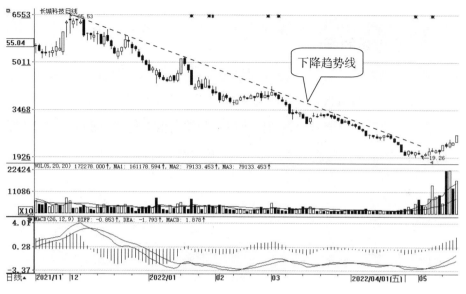

图 4-4 下降趋势线

是根据第一个波段低点和第二个波段低点画出的，这一点并无错误。但是，落在下方趋势线上的低点太少，而落在上方趋势线上的低点则较多。因此上方的趋势线要比下方的趋势线，更能代表这段上升趋势。

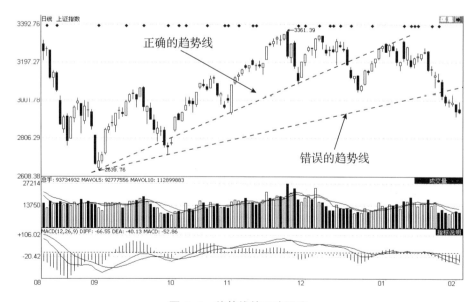

图 4-5 趋势线的正确画法

4.1.3　趋势线的实战应用

在实战中，趋势线主要用来研判市场趋势。除此之外，投资者还要注意它的另外两种用法。

1. 支撑与阻力

上升趋势线对股价起支撑作用，下降趋势线对股价具有阻力作用。

上升趋势形成后，将两个或两个以上的波段高点进行连线，可以得出上升趋势的上升阻力线。上升趋势线对股价起到支撑作用，而上升阻力线将对股价构成一定的压力。因此，在上升趋势中，股价实际上是在上升趋势线和上升阻力线所组成的一个不规则的通道内运行的。

同理，在下降趋势中，将两个或两个以上的波段低点进行连线，可以得出下跌趋势的下降支撑线。下降趋势线对股价具有阻力作用，而下降支撑线对股价具有重要的支撑作用。因此，在下跌趋势中，股价实际上是在下降趋势线和下降支撑线中间的通道内运行的。

如图 4-6 所示，2022 年 1 月到 5 月，兰花科创（600123）的股价在上升

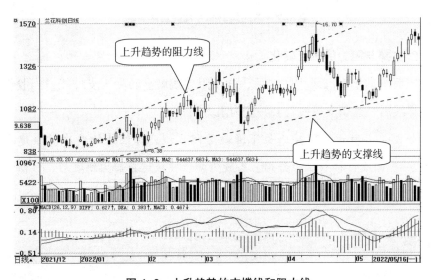

图 4-6　上升趋势的支撑线和阻力线

趋势线和上升趋势阻力线所构成的楔形通道内运行。在此期间，股价多次受到上升趋势线的支撑作用和上升趋势阻力线的阻力作用。

如图 4-7 所示，2021 年 12 月到 2022 年 4 月，广州发展（600098）处于下跌趋势中。在这个过程中，股价一直处于下降趋势线和下降趋势支撑线所构成的通道内。

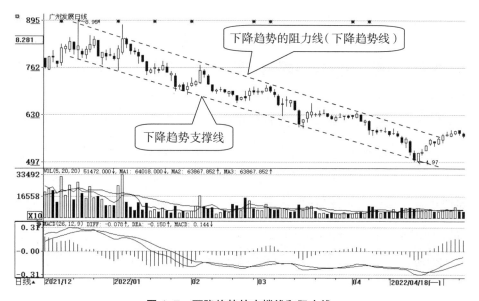

图 4-7　下降趋势的支撑线和阻力线

2. 支撑与阻力的相互转化

当股价向上突破阻力线之后，这条阻力线就会转变为支撑线；当股价跌破支撑线后，这条支撑线就会转变为阻力线。

如图 4-8 所示，同样一条下降趋势阻力线，曾经连续多次对城建发展（600266）的股价构成阻力作用。当股价向上突破这条阻力线之后，该阻力线就转变为支撑线，在股价回调过程中对股价构成了重要支撑。

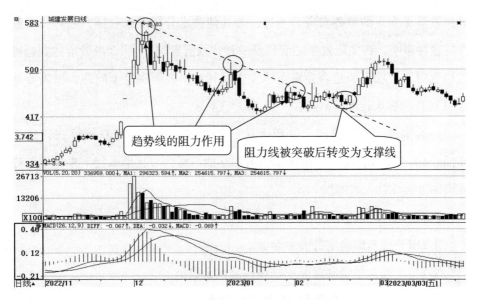

图 4-8　支撑线与阻力线的相互转化

 精讲提高

在把握趋势线时，投资者要注意以下两个方面。

1．趋势线的阻力作用越强，当它被突破后，其支撑作用也会越强。相反，趋势线的支撑作用越强，当它被突破后其阻力作用也越强。

2．趋势线主要用来把握趋势，进而顺势买卖。

4.2　与趋势理论的实战结合

4.2.1　趋势的彻底反转

投资者可以将股价突破趋势线和趋势线对股价的阻力或支撑作用，作为寻找具体买卖点的重要参考。不过，与其他技术分析理论一样，趋势线对股价的这种影响，在实际发生之前只是一种"或有影响"。那么当股价达到趋势线位置时，市场趋势是否会真正地发生反转呢？要解决这个问题，就需要结合 MACD 指标来验证答案。

一般来说，当股价向上突破下降趋势线时，如果 MACD 指标在这之前（时间间隔不能太长）已经出现了较为明显的看涨信号，那么接下来出现趋势反转的可能性就大大增加。

在 MACD 指标的用法中，较为常用的看涨信号主要有以下 5 种。

① DIFF 线与股价底背离 + 金叉。

② DIFF 线与股价底背离 + 柱线明显向上收敛。

③ DIFF 线与股价底背离 +K 线看涨形态。

④ DIFF 线向上突破零轴。

⑤ MACD 柱线与股价底背离 + 柱线明显向上收敛或柱线由绿变红。

如图 4-9 所示，2022 年 5 月 9 日，广汇汽车（600297）MACD 指标出现"DIFF 线与股价底背离 + 金叉"的看涨信号，表明趋势将要反转，买点出现。

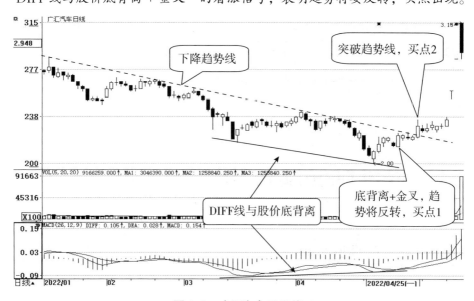

图 4-9　广汇汽车日 K 线

之后股价持续上涨，5 月 13 日，向上放量突破下降趋势线，表明上涨趋势彻底形成，买点 2 出现，投资者要注意把握这个加仓买点。

如图 4-10 所示，2022 年 11 月 2 日，新农开发（600359）股价向上突破下降趋势线。第二天，该股 MACD 指标出现了"柱线与股价底背离 + 柱线由绿变红"的看涨信号。这两个买入信号同时出现，表明市场有较大可能彻底转势，投资者可以积极买入。

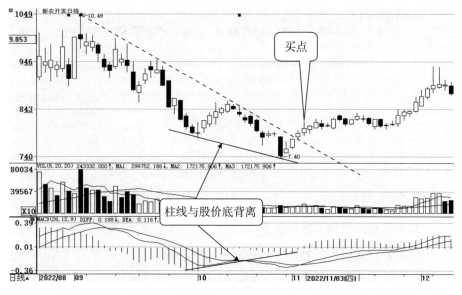

图 4-10　新农开发日 K 线

投资者需要注意的是，用 MACD 指标来判断趋势是否能够彻底反转，更多的只是辅助作用，占主导地位的仍然是股价能否突破趋势线。

如图 4-11 所示，在经过了一段时间下跌之后，2022 年 8 月 11 日，国旅联合（600358）的 MACD 指标出现"MACD 柱线与股价底背离 + 柱线由绿变红"的看涨信号。但该股股价还没有突破下降趋势线，表明 MACD 指标的看涨信号动能较弱，股价有较大可能在反弹之后再次延续原来的下跌趋势。此时，趋势型投资者要注意不能被诱多入场。

相应地，当股价向下突破上升趋势线时，如果在此之前已经出现了 MACD

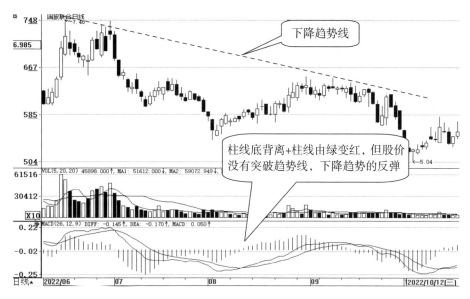

图 4-11 国旅联合日 K 线

指标的看跌信号，那么市场接下来彻底转势的概率将大大增加。

在 MACD 指标的用法中，较为常用的看跌信号主要有以下 5 种。

① DIFF 线与股价顶背离 + 死叉。

② DIFF 线与股价顶背离 + 柱线明显向下收敛。

③ DIFF 线与股价顶背离 +K 线看跌信号。

④ DIFF 线向下突破零轴。

⑤ MACD 柱线与股价顶背离 + 柱线明显向下收敛或柱线由红变绿。

如图 4-12 所示，2021 年 12 月 4 日，国电南瑞（600406）的股价向下突破上升趋势线。同时该股 MACD 指标也出现了"DIFF 线与股价顶背离 + 死叉 + 拒绝金叉"的看跌信号。这两个卖出信号叠加在一起，上涨趋势彻底反转的概率大大增加。投资者要注意果断卖出。

如图 4-13 所示，2022 年 1 月 5 日，昊华科技（600378）向下跌破上升趋势线。同时，该股 MACD 已经出现"MACD 柱线与股价顶背离 + 死叉"的看跌信号。这两个看跌信号同时出现，表明股价即将彻底转势。投资者要注

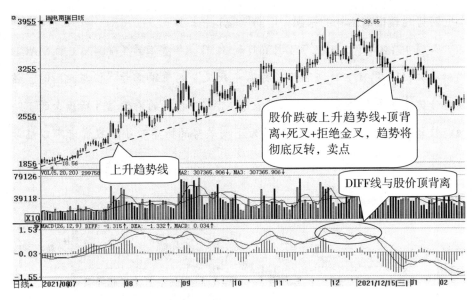

图 4-12 国电南瑞日 K 线

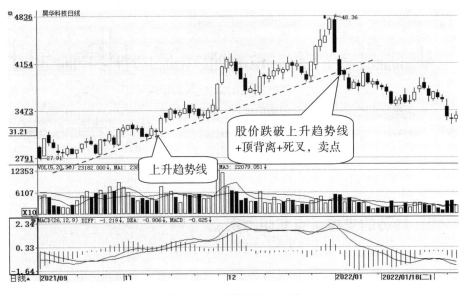

图 4-13 昊华科技日 K 线

意及时卖出。

在判断市场能否由上涨趋势转为下跌趋势时，投资者可以趋势线为主、MACD 指标为辅进行综合判断。在实战中，尤其要提防出现上涨趋势还没有

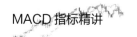

彻底转势时就提前出场的错误，以防踏空行情。

如图 4-14 所示，2023 年 1 月 6 日和 31 日，华鲁恒升（600426）的 MACD 指标两次出现"DIFF 线与股价顶背离 + 死叉"的看跌信号。但与此同时，该股股价仍处于上升趋势线上方。这表明 MACD 指标的看跌信号所蕴含的下跌动能较弱，市场彻底由上升趋势转为下跌趋势的概率较小。投资者可以继续持股待涨。

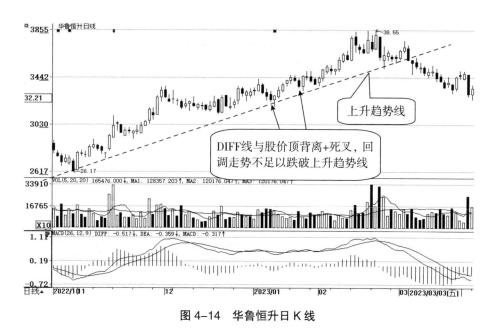

图 4-14　华鲁恒升日 K 线

4.2.2　趋势的支撑买点和阻力卖点

一般来说，当上涨趋势彻底形成之后，股价将在上升趋势线和上升趋势阻力线之间运行。当股价回调到上升趋势线附近，因受到上升趋势线的支撑作用而再次向上时，表明市场将延续原来的上涨趋势，上升趋势线为支撑买点。

支撑买点出现的前后，如果 MACD 指标也出现相应的看涨信号，那么股价延续上涨趋势的概率将大大增加。此时，MACD 指标常见的看涨信号有以下 3 种。

① MACD 指标零轴附近金叉。

②柱线与股价底背离。

③ DIFF 线与股价底背离。

如图 4-15 所示，2021 年 4 月至 12 月，在涪陵电力（600452）的上涨趋势中，上升趋势线的支撑作用得到了 MACD 指标的紧密配合。

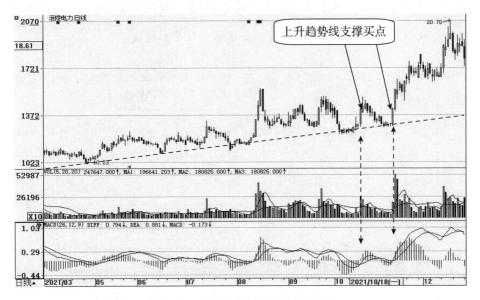

图 4-15　涪陵电力日 K 线（前复权）

2021 年 10 月至 11 月，股价两次冲高回调，但并没有创出新低。同时 DIFF 线回调到零轴附近得到强力支撑作用。这表明上涨趋势依然强势，投资者可以逢低加仓买入。

同理，当下跌趋势形成后，股价将在下降趋势线和下降趋势支撑线之间运行。当股价反弹到下降趋势线附近，受到该线的阻力作用而再次向下时，表明市场将延续原来的下降趋势，为阻力卖点。

阻力卖点出现的前后，如果 MACD 指标也出现相应的看跌信号，那么股价延续下降趋势的概率将大大增加。此时，MACD 指标常见的看跌信号有以下 3 种。

① MACD 指标零轴附近死叉。

②柱线与股价顶背离。

③ DIFF 线与股价顶背离。

如图 4-16 所示，2021 年 9 月至 2022 年 4 月，长园集团（600525）一直处于下跌趋势中。2022 年 3 月至 4 月，股价两次反弹到下降趋势线附近，受到阻力后再次向下，形成阻力卖点。同时 MACD 指标 DIFF 线在零轴附近受阻，K 线形成倾盆大雨形态。投资者要注意及时卖出持股。

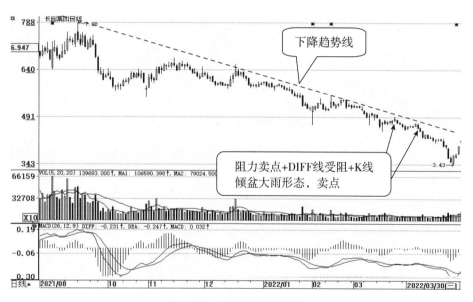

图 4-16　长园集团日 K 线

 精讲提高

在把握趋势线的支撑买点和阻力卖点时，MACD 指标的辅助信号虽然准确，但出现时间较晚。为解决这个问题，投资者可以参考股价 K 线组合形态，以获得更为精准的买卖点。

第 5 章

MACD 指标与波浪理论

5.1　波浪理论

5.1.1　波浪理论的基本原理

波浪理论是由美国分析师艾略特提出的一种技术分析理论。艾略特在长期的市场观察中发现，价格运动存在着一些不断重复出现的模式，他将这些模式称为"波浪"，并由此创造出著名的股市分析理论——波浪理论。

波浪理论认为，市场的运行是以一种周期性波动来进行的，一个周期性波动之中有两种波浪：推动浪和调整浪。

所谓推动浪是指顺着趋势的波浪，而调整浪则是指逆着趋势的波浪。

推动浪可细分为 5 个子浪，而调整浪可细分为 3 个子浪。在推动浪的 5 个子浪中，有 3 个是顺着趋势的子浪，剩下 2 个是逆着趋势的子浪；在调整浪的 3 个子浪中，有 2 个是逆着趋势的子浪，有 1 个顺着趋势的子浪。在股价周期性波动中，既有顺势的波浪，也有逆势的波浪，互相交替。

如图 5–1 所示，推动浪为 5 浪结构，分别称为 1 浪、2 浪、3 浪、4 浪和 5 浪；调整浪为 3 浪结构，分别为 A 浪、B 浪和 C 浪。

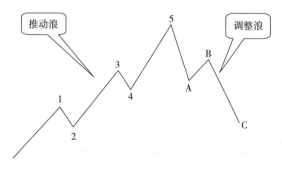

图 5–1　波浪结构

在把握该理论时，投资者尤其要注意以下几个方面。

1. 两个假设

波浪理论对金融市场的理解是相当大胆的，艾略特认为，价格的运行存在一个基本的结构，任何市场走势都可以用这个结构来进行唯一的分解。这是一个十分重要的假设。

对于这个基本的结构，艾略特认为，不管是从时间上还是空间上，都符合斐波那契数列（1，1，2，3，5，8，13，21，34，55，…）或黄金分割位（0.618、0.382、1.618 等）的自然规律，这是波浪理论的第二个重要假设。

在实际中，斐波那契数列显示出了较高的精准度。

图 5-2 是上证综指从 325 点到 2245 点的牛市月 K 线图。这段大牛市，可以清晰地划分为 5 浪结构。这 5 浪的空间结构中，有很多地方符合波浪理论中黄金分割率的比例关系。

图 5-2　上证综指月 K 线（325—2245 点）

例如，从起点 325 点开始计算，1 浪的高度为 1052−325=727 点。那么从起点 325 点开始，加上 1 浪高度的 1.618 倍，即 727×1.618+325≈1501 点，与 3 浪实际高点 1510 点非常接近。同样从起点 325 点开始，加上 1 浪高度的 2.618 倍，即 727×2.618+325 ≈ 2228 点，与 5 浪实际高点 2245 点同样非常接近。

在图 5-2 中，同样可以找到波浪理论中的时间周期规律。例如，3 浪结束于 1997 年 5 月，距离牛市 325 点的启动时间 1994 年 7 月正好 34 个月，而整个 4 浪的运行时间是 21 个月。

如图 5-3 所示，2022 年 3 月到 4 月，华能水电（600025）在经过一波上涨走势之后开始不断地回调震荡。此时，基于波浪理论基本可以判断出，前期的第一波涨势和调整，是波浪理论的 1 浪和 2 浪。接下来投资者可以利用波浪理论来预测 3 浪的涨幅。

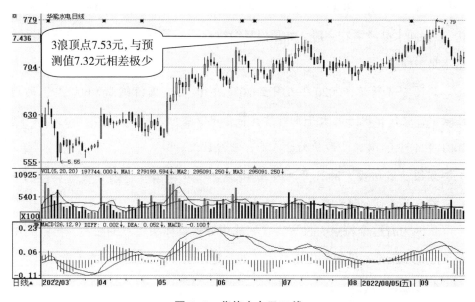

图 5-3　华能水电日 K 线

1 浪的涨幅为 0.85 元（5.55 元至 6.40 元），根据波浪理论，3 浪的涨幅至少为 0.85×1.618 ≈ 1.38 元。从 2 浪低点 5.94 元算起，估计 3 浪的点位为 1.38+5.94=7.32 元。

3 浪 2022 年 5 月 9 日开始发动，到 2022 年 7 月 11 日，达到最高 7.53 元，与波浪理论的预测相差极少，由此可见波浪理论预测的精准程度。

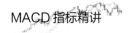

2. 大浪中有中浪，中浪中又有小浪

推动浪和调整浪所组成的波浪结构，还可以继续一层层地建构下去。推动浪中的 5 个子浪可以再分为低一级的子浪，其中，1 浪、3 浪和 5 浪可分为低一级的 5 个子浪，而 2 浪和 4 浪则可以分为低一级的 a、b、c 3 个子浪。至于调整浪的 3 个子浪，A 浪和 C 浪可细分为 5 个低一级的子浪，而 B 浪可以分为低一级的 3 个子浪。因此，波浪的结构，实际上可以无穷地建构下去。

3. 波浪的层层叠叠

波浪的层层叠叠是指无论是在月线图上、周线图上还是 15 分钟图上，市场都以 5 个推动浪和 3 个调整浪的结构来运行。这种结构又被称为"分形结构"，如同水晶或雪花一般，如果以显微镜察看，其微型结构与常态下的结构基本是一样的。

如图 5-4 所示，2020 年 6 月至 2021 年 10 月，厦门钨业（600549）的周 K 线中，股价出现一波大牛市行情，符合波浪理论推动浪的 5 浪结构。其中，2021 年 4 月至 10 月，股价处于 5 浪，涨幅巨大。

如图 5-5 所示，2021 年 4 月至 10 月，在日线图中，投资者可以对周 K 线中的 5 浪进行分解，也符合推动浪的 5 浪结构。

正因为有这个特点，投资者在实战中寻找具体买卖点的时候，可以利用波浪理论不断地在低级别中进行走势的分解，以找到更加精准的买卖时机。

4. 数浪原则

在理论上，波浪理论的主流趋势以 5 个浪的结构运行，而反趋势则以 3 个浪的结构运行，投资者按照这个结构来分解趋势，应该得出相同或相似的结论。但在实战中，这种"5 升 3 降"的结构却可以有多种分解方法。在长期的实践中，波浪理论的使用者总结出几条大家公认的数浪原则，有以下 4 条。

原则 1：2 浪不应低于 1 浪的起始点。

2 浪不应低于 1 浪的起始点，即当一个上涨趋势成立的时候，浪底将一

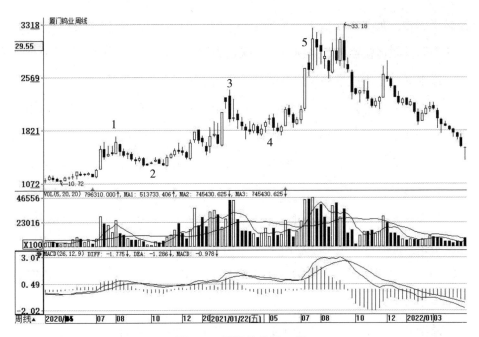

图 5-4 厦门钨业周 K 线

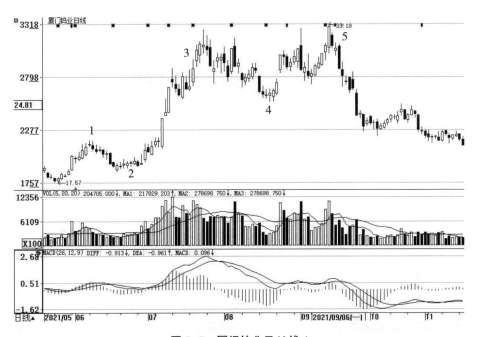

图 5-5 厦门钨业日 K 线 1

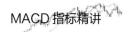

浪高于一浪。如果 2 浪低于 1 浪的起点，则说明市场仍处于下跌趋势中。利用这个原则能够较容易地找到一波上涨趋势的起点。

原则 2：在构成推动浪的 5 个子浪中，3 浪不会是最短的。

原则 2 的意思是，在推动浪中，有 1 浪、3 浪、5 浪 3 个与趋势方向相同的力量，其中：

如果 1 浪的力量最大，长度最长，则 3 浪的力量和长度次之，5 浪力量最弱，长度最短。

如果 1 浪开始时力量最弱，长度最短，则 3 浪较长，而 5 浪力量最强，长度最长，此时甚至出现"延伸 5 浪"。

如果 1 浪开始时力量一般，则 3 浪最强、最长，而 5 浪的力量和长度则与 1 浪相差不多。

原则 3：在推动浪的 5 个子浪中，4 浪和 2 浪不会重叠。

2 浪与 4 浪不会重叠的原则，反映出 3 浪的动能不会是最弱的。既然 3 浪不会是最弱、最短的，2 浪与 4 浪重叠的概率将非常低，即 4 浪的最低点不可能低于 1 浪的最高点。

原则 4：2 浪和 4 浪是以不同的形态出现的，这被称为交替原则。

2 浪和 4 浪同为推动浪中的反趋势浪，在这一原则下，它们将有以下几种运行方式。

第一，如果 2 浪调整时间较长，则 4 浪调整时间将会较短，反之亦然。

第二，如果 2 浪调整的形态复杂，则 4 浪调整的形态将会较为简单，反之亦然。

第三，如果 2 浪调整的价位幅度较大，则 4 浪调整的价位幅度将会较小，反之亦然。

如图 5-6 所示，2021 年 10 月到 2022 年 4 月，云南旅游（002059）的股价先是出现一波上涨趋势，之后反转向下。投资者可以用波浪理论对其进行分解。

2021 年 11 月 4 日至 16 日为 1 浪，此时成交量仍然较低，上涨动能仍然较弱，所以 1 浪的涨幅不大。之后的回调为 2 浪，股价没有创新低，表明上涨趋势基本形成。

2021 年 11 月 29 日到 2022 年 1 月 24 日为 3 浪，成交量大幅放大，上涨动能很强，涨幅最大。之后的大幅回调为 4 浪，尽管其跌幅较大，但没有跌破 1 浪的高点。

2022 年 3 月 9 日至 4 月 12 日为 5 浪，成交量再次放大，上涨动能较强。

在该股推动浪中，3 浪最长，符合"3 浪不会是最短的"数浪原则；4 浪没有跌破 1 浪的高点，符合"4 浪和 2 浪不会重叠"的原则，同时 2 浪简单，4 浪则较为复杂，也符合交替原则。

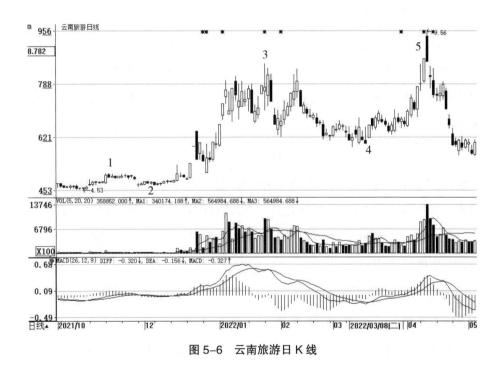

图 5-6 云南旅游日 K 线

5.1.2 波浪的特性

波浪的特性是指在市场以"5 个推动浪 +3 个调整浪"的结构不断运行的

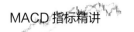
过程中，每一浪在市场情绪、市场动能、成交量等方面所表现出的特性。

1. 推动浪中的 1 浪

推动浪中的 1 浪是一波上涨趋势的起点，也是之前下跌趋势的终结点，它具有以下几个重要的特点。

第一，市场动能较弱。

1 浪刚出现的时候，市场动能较弱，成交量虽略有放大但仍然较低，股价一般缓缓上涨，涨幅一般也不会太大。而且经过前期的下跌，市场对这波涨势短期内难以确认，许多技术分析的信奉者仍在观望。但在这段时间内，市场投资价值凸显，许多长线价值投资者已经不断入市买入。

第二，悲观的市场情绪。

在 1 浪出现的过程中，市场情绪仍然维持着熊市时的悲观，大众对市场的利好消息充耳不闻，而对利空消息反应灵敏。面对 1 浪的不断上涨，许多人仍然判断市场处于下跌趋势中，而这波上涨只不过是一次小小的反弹而已。

第三，股价一般突破重要阻力位。

1 浪的出现和确定，预示着上涨趋势的形成，其中一个重要的标志是股价突破前期重要阻力位。这些阻力位的形式可以有多种，但差别并不是很大，常见的几种有：前期高点连线、60 日均线、30 日均线、黄金分割线、江恩角度线、下降趋势线等。

股价一旦突破重要阻力线并在上方站稳，基本就可以确定 1 浪已经形成。

如图 5-7 所示，2021 年 5 月下旬至 6 月初，厦门钨业（600549）股价由原来的下跌走势转为上涨走势。5 月 31 日，股价向上放量突破 60 日均线，基本可以判断这波涨势即为推动浪的 1 浪。

图 5-7　厦门钨业日 K 线 2

2. 推动浪中的 2 浪

2 浪是推动浪中的反趋势浪，是趋势反弹后的第一次回调，以测试市场真正的底部。许多技术分析者都以 2 浪是否能够破底（如果破底，就不能称为 2 浪了）判断上涨趋势是否能够真正出现。2 浪一般有以下几个特征。

第一，下跌动能一时占优。

在经历了 1 浪的持续上涨之后，在底部建仓的部分投资者有了获利了结的冲动，同时前期被套牢的投资者也出现了"总算可以解套了"的卖出冲动，再加上一些继续看空者趁机卖出，市场下跌动能开始增加，并一时占据优势。

在这种背景下，股价开始回调，但长线投资者继续买入，股价无法再创新低，同时成交量逐渐萎缩。因此，在这个过程中，市场情绪分歧较大，有人看多但更多人看空，双方谁也不能占据绝对优势。

第二，股价回调一般得到支撑线支撑。

2 浪出现的过程中，股价会回调，但一般会得到支撑线的支撑而无法再创新低，该支撑线由前期重要阻力线转化而来，常见的有前期高点、60 日均

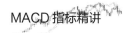

线、30 日均线、黄金分割线等。

第三，股价回调幅度一般较大。

2 浪刚出现时，市场因为久处下跌趋势中，下跌动能仍有相当的实力，所以股价的回调幅度一般较大，达到 1 浪涨幅的 0.618 倍处或 0.5 倍处。

如图 5-8 所示，仍以厦门钨业（600549）2021 年 5 月下旬至 6 月初的 1 浪为例，2021 年 6 月 7 日，股价冲高回落，表明推动浪的 1 浪已经结束。之后股价回调，并在 1 浪涨幅的 0.618 倍处附近得到支撑，同时 K 线形成孕育形态，表明 2 浪即将结束。之后股价出现一波较大的涨势。

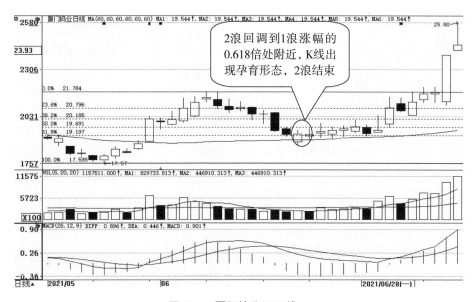

图 5-8　厦门钨业日 K 线 3

第四，2 浪回调有时会形成三角形、矩形、楔形等持续整理形态。

2 浪的回调，有时候幅度会比较小，且持续时间较久，以一种震荡的形式来运行。这种震荡形式常表现为三角形、矩形、楔形等持续整理形态。它预示着更强的上涨动能产生。

如图 5-9 所示，2022 年 4 月下旬至 5 月下旬，华菱线缆（001208）的股价在一波下跌趋势之后持续向上，MACD 指标 DIFF 线向上突破零轴，表明上涨趋势已初步形成，推动浪中的 1 浪出现。之后股价回调，形成推动浪中的 2 浪，它以下降楔形形态持续震荡。6 月 24 日，股价放量突破下降楔形上边线，2 浪调整彻底结束。

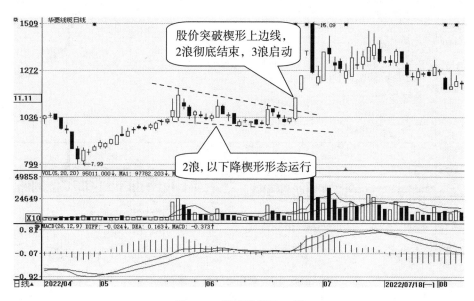

图 5-9　华菱线缆日 K 线

3. 推动浪中的 3 浪

推动浪中的 3 浪是上涨趋势中最吸引人的一波走势，其巨大的涨幅令前期建仓的投资者获利巨大。具体说来，该浪一般具有如下几个特点。

第一，上涨动能最强。

在经过 2 浪调整之后，空方动能被消耗殆尽，市场无法再创新低，表明上涨趋势已经彻底形成。在 1 浪中看多买入的投资者大受鼓舞，将继续加仓，同时许多道氏理论的信徒因看到上涨趋势彻底形成也纷纷入市，市场上涨动能突然大幅增加。

在这种背景下，3 浪将出现一波涨幅较大的放量上涨走势，甚至以连续涨停的形式呈现。

如图 5-10 所示，2021 年 4 月 26 日到 5 月 13 日，莱克电气（603355）在

经过 2 浪的调整震荡之后，出现推动浪中的 3 浪。该浪在 11 个交易日的时间内，涨幅达到 61.6%。

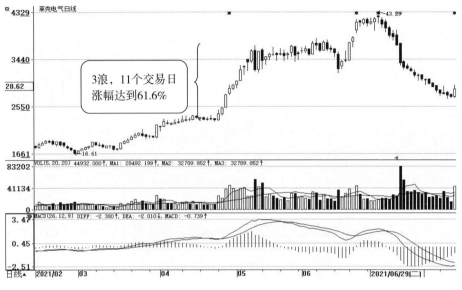

图 5-10　莱克电气日 K 线 1

第二，突破前期重要阻力位。

3 浪出现时，股价一般会突破前期重要阻力位，这是 2 浪调整彻底结束的重要标志，也是一个常见的买点。这些重要阻力位包括前期震荡高点、持续整理形态的上边线等。

3 浪的出现有时候会比较突然，股价往往出现若干放量缺口，这是股价即将大涨的标志，投资者要注意及时把握。

如图 5-9 和图 5-11 所示，在 3 浪出现的前期，股价都以放量上涨的形式突破前期重要阻力位（下降楔形上边线和震荡最高点）。这是上涨动能极为强劲的标志，之后股价的涨幅都较大。

第三，极为乐观的市场情绪。

在 3 浪出现的过程中，市场利好消息不断涌现。同时，市场情绪与 1 浪和 2 浪相比，可谓出现 180° 的大转弯，由心存犹疑到勇者无惧，由较为悲观变

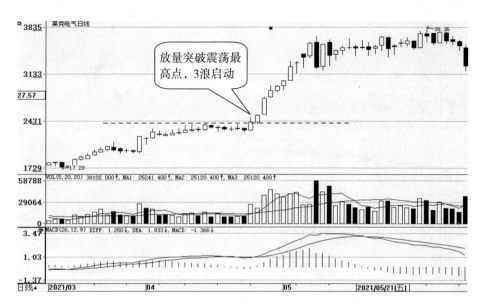

图 5-11　莱克电气日 K 线 2

为极为乐观。众多在 2 浪中没有入场的投资者将懊悔万分，一心等待股价回调买入，但往往等不到这一天，直到忍受不了而在高位追货为止。

第四，3 浪涨幅。

一般来说，3 浪的涨幅至少要达到 1 浪涨幅的 1.618 倍。短线投资者可以由此测算 3 浪的顶，进而及时逃顶。

如图 5-12 所示，2021 年 6 月至 2022 年 1 月，汇得科技（603192）出现一波上涨趋势，可以用推动浪的 5 浪结构予以分解。

2021 年 7 月 5 日到 9 月 2 日为推动浪中的 1 浪，股价从 20.97 元涨到 26.75 元，涨了 5.78 元，涨幅为 27.56%。

9 月底至 11 月中为推动浪中的 3 浪，股价从 22.42 元涨到 46.66 元，涨了 24.24 元，涨幅达 108.12%。通过对比可知，3 浪的涨幅为 1 浪涨幅的 3.92 倍，远超 1.618 的最低值，由此可见 3 浪上涨动能的强度。

4. 推动浪中的 4 浪

4 浪是推动浪中第二个反趋势浪，它出现在股价大幅上涨的 3 浪之后。由

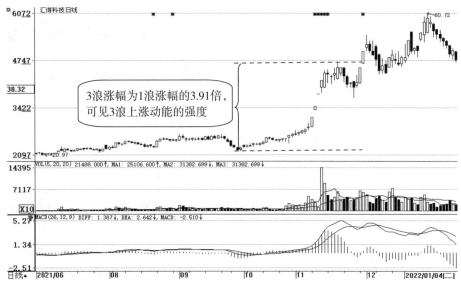

图 5-12　汇得科技日 K 线

于自身的一些特点，它成为推动浪中最令人焦虑的波浪。

第一，多空双方斗争激烈。

在经过 3 浪的大幅上涨之后，前期买入的投资者浮盈丰厚，具有很强的获利了结冲动，而在 3 浪中没有入场的投资者，一旦见到股价的回调，在懊悔心理的驱使下，将会逢低买入。在这两种力量的作用下，4 浪往往出现多空双方剧烈争持的局面。

在 4 浪里，市场成交量会逐渐萎缩。

第二，4 浪调整多以三角形、矩形、楔形、旗形等持续整理形态呈现。

4 浪调整所形成的形态，对判断上涨趋势能否延续起着重要的作用。通常情况下，4 浪多以三角形、矩形、楔形、旗形等持续整理形态呈现，预示着上涨动能将再次占据优势，股价将延续原来的上涨趋势。

第三，4 浪调整持续时间有时候会非常长。

4 浪一旦出现，多空双方如果迟迟不能分出胜负，股价将以震荡的形式持续。在极端的情况下，4 浪调整震荡所占的时间，占推动浪总时间的 1/2 还多。这样，在 3 浪后期追高入场的投资者以及 4 浪初期入场的投资者，将面临巨大的心理考验。

如图 5-13 所示，2022 年 4 月底到 2023 年 3 月初，三美股份（603379）出现一波上涨趋势，符合波浪理论推动浪的结构。

2022 年 8 月下旬，该股在经历了前期 3 浪的大幅上涨之后，步入 4 浪的调整震荡趋势中。在此过程中，股价以三角形形态长时间震荡，同时成交量整体上逐渐萎缩。

该股推动浪的形成、持续、结束前后一共经历了 10 个月多，而 4 浪就有 5 个多月，占整个推动浪时间的 1/2 左右。由此可知 4 浪调整震荡对投资者折磨的程度，一些没有耐心的投资者在这个过程中很容易被震荡出局。

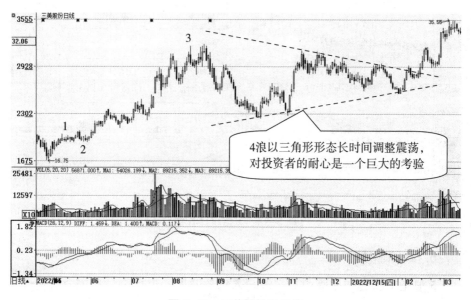

图 5-13　三美股份日 K 线

第四，长时间震荡所造成的"失败 5 浪"。

在正常情况下，5 浪的最高点要高于 3 浪的最高点，但有时候 5 浪出现时却没有创出新高，这被称为"失败 5 浪。"

"失败 5 浪"的出现与 4 浪的持续震荡密切相关。在大多情况下，"失败

5 浪"的出现都是因为 4 浪长时间震荡，以时间换空间的形式消耗掉了上涨动能。

如图 5-14 所示，2021 年 11 月至 2022 年 3 月，卫信康（603676）出现一波上涨趋势，投资者可以用推动浪结构对其进行分解。

从 2022 年 1 月 13 日开始，该股在经历了 3 浪的大幅上涨之后开始出现 4 浪的震荡调整，时间近 3 个月，超过从 1 浪到 3 浪的总时间。在长时间震荡过程中，市场以时间换空间的形式消耗掉 5 浪的上涨动能，形成"失败 5 浪"。

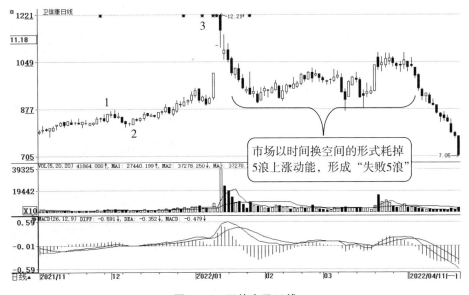

图 5-14　卫信康日 K 线

5. 推动浪中的 5 浪

5 浪是上涨趋势中吸引最多散户入场的时期，但也是一些主力机构开始逐步撤退的时期。该浪具有如下几个重要特点。

第一，散户大量入场。

在 5 浪中，市场投机气氛极为炽热，市场的赚钱效应被大肆宣扬，大量先前没有入场的散户在这种财富效应的驱使下也纷纷入场。

散户最大的特点是极易受各种消息左右，买涨不买跌。因此，其入场区域一般分布在 5 浪中期。

如图 5-15 所示，2022 年 4 月下旬到 8 月下旬，保变电气（600550）出现一波上涨趋势，符合推动浪的经典结构。

在这波上涨趋势中，5 浪出现在 8 月初，散户大多在这一时间入场，特别是在 8 月 8 日股价涨停这一天。

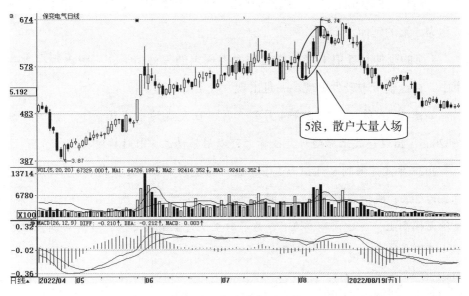

图 5-15 保变电气日 K 线

第二，上涨动能较强，但强度不如 3 浪。

一般来说，在 5 浪中，市场上涨动能占据优势，股价将再创新高，但其强度则不如 3 浪。这主要是因为，任何事物都有盛极而衰的规律，市场的高位上涨给早期入场的主力较大的压力，他们在 5 浪中会持续减仓，造成下跌动能的持续增加。成交量在 5 浪中虽然也有所放大，但一般不如 3 浪。

如图 5-15 所示，保变电气 5 浪的成交量明显小于 3 浪的成交量。

第三，市场情绪。

在 5 浪发展的过程中，各种利好消息频传，市场选择性地对各种利空消息"失明"，媒体推波助澜，投资者人人觉得自己是股神，市场情绪极为乐观。

与 5 浪相比，3 浪的乐观情绪是由悲观转化而来的，许多投资者在入场的同时，还有较强的患得患失心理；但 5 浪的乐观则是在持续乐观的背景下，经历了 4 浪的怀疑然后又确认的过程。此时，市场信心达到高峰，许多投资者抱着难以否认的"投资信念"，令市场进入一种非理性的狂热状态。

第四，5 浪的延伸。

有时候，5 浪出现之后，股价会持续上涨，涨幅甚至远超 1 浪和 3 浪，这被称为 5 浪的延伸。

5 浪的延伸是 5 浪上涨动能强烈而表现出的一种情形，一般出现在大牛市中，在盘整市中较少出现。一旦出现，投资者将获利巨大。

如图 5-16 所示，2022 年 4 月到 8 月，在大盘的牛市背景下，钧达股份（002865）出现一波上涨趋势，投资者可以用推动浪 5 浪结构对其进行分解。

2022 年 4 月底到 5 月初为 1 浪，股价出现第一波上涨走势；5 月中旬至 5 月底为 2 浪，股价缓缓震荡，表明上涨动能非常强；5 月底至 6 月下旬为 3 浪，股价大幅向上，突破前期高点；6 月下旬至 7 月上旬为 4 浪，股价回调，但跌

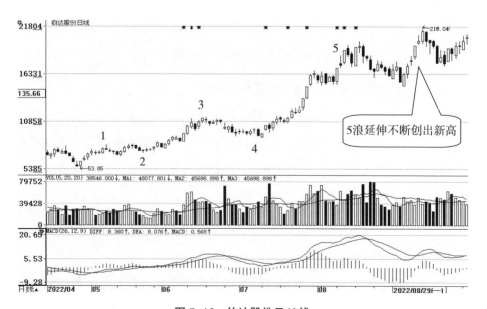

图 5-16　钧达股份日 K 线

幅有限。

7 月中旬至 8 月底，该股出现 5 浪的延伸走势。在此期间，股价持续放量上涨，涨幅较大。

6. 调整浪中的 A 浪

当推动浪的 5 浪结束，股价即进入调整浪的 A 浪之中。该浪具有如下几个特征。

第一，下跌动能开始占据优势。

在 5 浪的顶点附近，由于前期买入的投资者浮盈巨大，获利了结的冲动很强，而新的入场资金则逐渐不足。在这种背景下，市场下跌动能逐渐增加，并最终占据优势，股价开始下跌。

在这个过程中，在 A 浪刚开始时市场成交量较大，之后伴随着股价下跌，成交量逐渐萎缩。

如图 5-17 所示，2021 年 6 月至 2022 年 4 月，韵达股份（002120）在出现一波上涨趋势后开始下跌，符合波浪理论的结构。

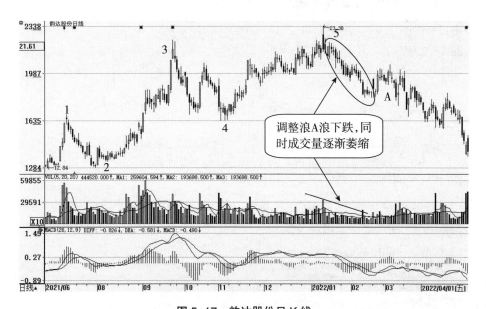

图 5-17　韵达股份日 K 线

2021 年 6 月至 2022 年 1 月，该股推动浪呈现出经典的 5 浪结构。之后，2022 年 1 月 11 日至 2 月 18 日，市场出现 A 浪回调，同时伴随着成交量的缩减，表明下跌动能已经占据优势。

第二，市场情绪。

调整浪 A 浪出现之后，许多人仍认为它只不过是上涨趋势的一次短暂回调，但许多长线投资者开始逐渐出场。因此，市场情绪由极度乐观转为中性，市场分歧开始增大。

第三，股价一般跌破前期重要支撑线。

A 浪是下跌趋势中的第一波顺趋势浪，股价一般要跌破前期重要阻力线，如 60 日均线、30 日均线、上升趋势线等。

如图 5-18 所示，2022 年 4 月底至 10 月初，东方精工（002611）出现一波上涨趋势和下跌趋势相连的走势，符合波浪理论的结构。

从中可以看出，2022 年 4 月底到 8 月下旬为推动浪，之后为调整浪。其中，调整浪 A 浪出现在 2022 年 8 月 23 日至 9 月 1 日这段时间。在这个过程中，股价顺利跌破上涨趋势线，表明下跌趋势已经初步形成。

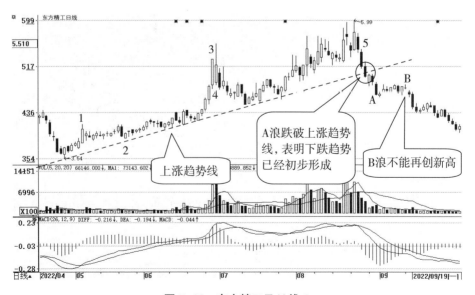

图 5-18　东方精工日 K 线 1

7. 推动浪中的 B 浪

B 浪是另一个"高潮"阶段，许多人一般认为，在经过 A 浪的"健康调整"之后，股价将再创新高，结果却大失所望。B 浪一般具有如下几个特征。

第一，股价一般不能再创新高。

B 浪出现之后，股价反弹向上，许多投资者期望着它再创新高，但股价上涨乏力，在受到前期高点或其他阻力线的阻力作用后，开始再次下跌。这是下跌趋势已经确立的重要标志，投资者应该放弃幻想，果断出场。

如图 5-19 所示，2022 年 9 月初，B 浪反弹向上，但反弹乏力，还没有到原来的上涨趋势线附近就无力上涨而再次向下。这是下跌趋势已经确立的重要标志，投资者要注意及时出场，否则将被深度套牢。

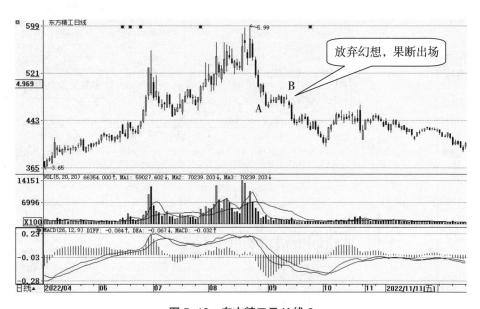

图 5-19　东方精工日 K 线 2

第二，市场情绪。

在 B 浪出现之后，市场情绪转为乐观，此时，大部分人仍然认为上涨趋势会延续。在这种心理预期下，短线投资者纷纷入场，长线投资者也有部分认为市场仍然向好而入场，导致市场的乐观程度甚至接近 5 浪。但这波走势毕竟只是上涨趋势的回光返照，之后伴随着股价的大幅下跌，市场情绪将会走向另一个极端。

第三，"失败 5 浪"之后出现的 B 浪反弹。

"失败 5 浪"表明下跌动能非常强，之后，如果出现 B 浪反弹，表明下跌趋势已经确定形成，下跌动能已经完成积聚，接下来将是一波巨大的跌势。这往往是最后的卖出时机。

如图 5-20 所示，2021 年 3 月底到 7 月下旬，旗天科技（300061）呈现"上涨 + 盘整"的走势。而其中的盘整走势，实际上是"4 浪 + 失败 5 浪"。

2022 年 8 月初，在 A 浪下跌跌破前期低点连线之后，出现 B 浪反弹，但反弹乏力，始终无法在前期低点连线上方站稳，表明下跌动能非常强劲。之后，股价持续下跌。

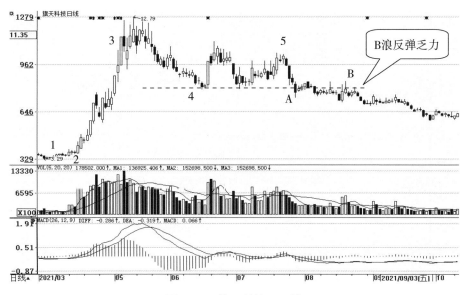

图 5-20　旗天科技日 K 线

如图 5-21 所示，2022 年 7 月到 9 月，金刚光伏（300093）在经过一波上涨趋势后，不断地盘整震荡，这实际上是"4 浪 + 失败 5 浪"。这表明上涨动能较为微弱，投资者要警惕股价的下跌。

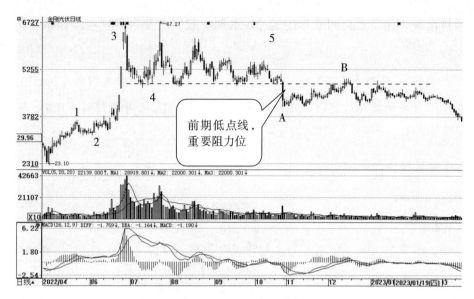

图 5-21　金刚光伏日 K 线

10 月 31 日至 12 月 15 日，该股在经过了 A 浪下跌之后开始反弹，形成 B 浪。但上涨动能乏力，在受到前期低点的阻力作用后，股价再次下跌。

第四，成交量放量。

B 浪出现的过程中，伴随着股价反弹上涨，成交量也有所放大。但这只是昙花一现，之后伴随着股价的下跌，成交量将会逐步萎缩。

8. 调整浪中的 C 浪

C 浪下跌，属于调整浪的最后阶段，是最具杀伤力的一组下跌走势，通常配合各种坏消息出现，市场信心全毁。它一般具有以下几个特征。

第一，下跌动能强劲。

B 浪结束后，C 浪开始出现，此时上涨趋势已经确定结束，长线投资者清仓离场，而短线投资者因卖点出现也果断卖出，使市场出现一边倒的下跌局面。在这个过程中，各种利空消息涌现，市场情绪由犹疑转为悲观。

第二，许多技术指标失效。

C 浪的下跌，速度急，杀伤力较大，令人措手不及。在 C 浪后期，许多技术指标已进入超卖阶段，股价多次反弹都无法扭转下跌趋势，这些指

标将出现"超卖后再超卖"的局面。此时，投资者要警惕这些指标是否会
失效。

如图 5-22 所示，2022 年 9 月，伴随着大盘的下跌，科大国创（300520）
在经过 B 浪的反弹后再次向下，进入 C 浪下跌阶段。9 月中旬到 9 月底，随
着股价的持续下跌，KDJ 指标在 20 以下几乎不动，已经不能正确反映市场，
处于低位钝化状态。

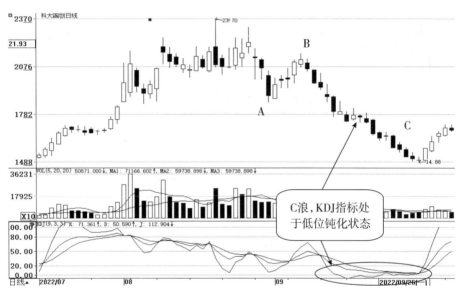

图 5-22　科大国创日 K 线

第三，C 浪可能会形成延伸浪。

与推动浪的 5 浪类似，当下跌动能非常强劲时，C 浪的下跌可能会没完
没了，形成 C 浪的延伸形态。这种走势大多出现在大熊市中。

如图 5-23 所示，从 2022 年 2 月底开始，伴随着大盘的下跌，鹏鼎控股
（002938）也开始持续下跌，形成调整浪中的 C 浪。之后，C 浪形成延伸走势，
在半年多的时间里，股价不断创出新低。

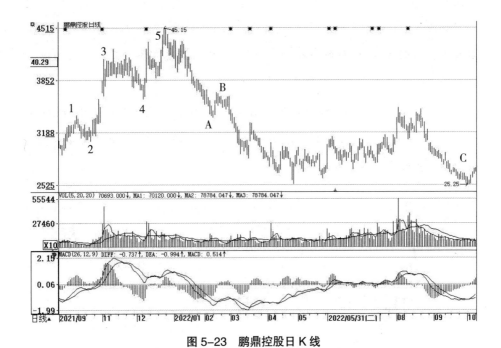

图 5-23　鹏鼎控股日 K 线

5.2　与波浪理论的实战结合

5.2.1　"DIFF 线与股价底背离 + 金叉"抓 1 浪

推动浪中的 1 浪是上涨趋势的起点，同时也是下跌趋势的终点。当 1 浪出现时，一般 MACD 指标将出现 DIFF 线与股价底背离的形态。而当 DIFF 线与股价底背离形成后，如果上涨动能确实较强且开始发动，DIFF 线将向上突破 DEA 线形成金叉。这两个逐次出现的看涨信号叠加在一起，市场上涨趋势出现的概率将大大增加。

因此，投资者在下跌趋势中，一旦见到"DIFF 线与股价底背离 + 金叉"，就要注意 1 浪的出现。

如图 5-24 所示，2022 年 2 月至 3 月，海泰新光（688677）整体处于下跌趋势中，同时 MACD 指标出现 DIFF 线与股价底背离形态，表明上涨动能正在积聚，投资者要注意上涨趋势 1 浪的出现。

3 月 31 日，在 DIFF 线与股价底背离后，DIFF 线向上突破 DEA 线形成金叉，构成"DIFF 线与股价底背离＋金叉"的形态，初步判定上涨趋势的 1 浪出现，投资者要注意及时买入。

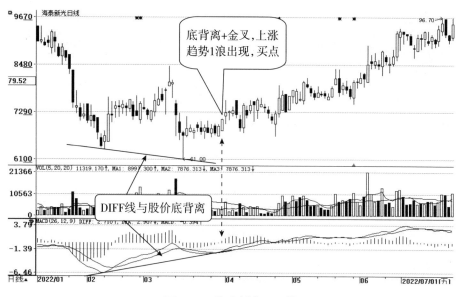

图 5-24　海泰新光日 K 线

前面讲过，1 浪的特点之一是股价一般要突破前期重要阻力位，如 60 日均线、30 日均线、前期高点、前期重要缺口等，它是上涨趋势形成的重要标志。

因此，投资者可以将"股价突破前期重要阻力位"作为辅助判断 1 浪是否真正形成的工具。

如图 5-25 所示，2023 年 1 月初，九号公司（689009）仍处于下跌趋势中，但 MACD 指标出现 DIFF 线与股价底背离形态。

2023 年 1 月 13 日，在底背离形态之后，DIFF 线向上突破 DEA 线形成金

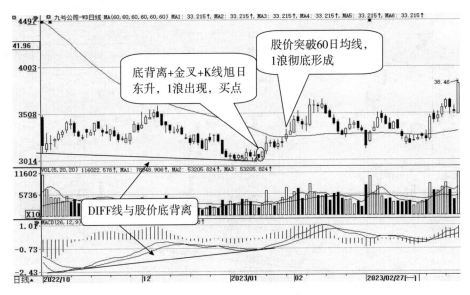

图 5-25 九号公司日 K 线

叉，同时 K 线形成旭日东升形态，构成"DIFF 线与股价底背离 + 金叉 +K 线旭日东升"的形态，初步判定 1 浪出现。投资者可以适时买入。

1 月 30 日，股价放量突破 60 日均线，表明 1 浪已经确定形成，投资者可以耐心持有。

有时候，"底背离 + 金叉"的 1 浪买入信号出现后，股价虽有一波涨幅，但无法突破前期重要阻力位。这是上涨动能乏力的表现，此时前期判断的 1 浪失效，投资者要注意果断斩仓。

如图 5-26 所示，2022 年 4 月下旬，美的集团（000333）处于下跌趋势中，与此同时 MACD 指标出现 DIFF 线与股价底背离的经典形态。

4 月 29 日，在底背离形态后，DIFF 线向上突破 DEA 线，形成"底背离 + 金叉"形态，1 浪买点出现。但之后股价冲高回落，缓缓震荡，上涨乏力，无法突破 60 日均线，且在 60 日均线附近受到阻力作用再次向下。这是上涨动能乏力的表现，此时前期判断的 1 浪失效，投资者要注意果断斩仓。

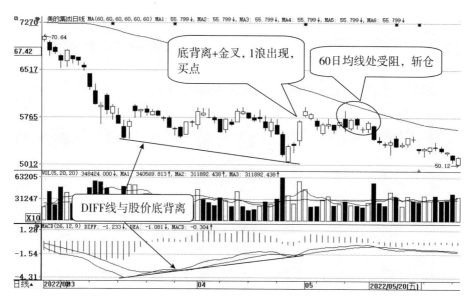

图 5-26　美的集团日 K 线

 **精讲提高**

在把握这个买点时，投资者要注意以下两点。

1. 1 浪失效的情况多出现在大熊市中。此时，股价连创新低，即便出现 MACD 指标的底背离，也只能造成股价的短暂反弹。

2. 对一些谨慎的投资者来说，操作 1 浪风险较大，但收益却相对有限，因此可以适当放弃。

5.2.2　"DIFF 线冲高回落 + 柱线底背离"抓 3 浪

1 浪冲高回落后，股价就开始 2 浪的回调，并得到支撑。当 2 浪结束、股价即将出现 3 浪时，MACD 一般会有如下两个特征。

特征 1：DIFF 线冲高回落，在零轴附近得到支撑企稳。

特征 2：有时候 MACD 柱线与股价构成底背离形态。

特征 1 一旦出现，MACD 指标接下来很有可能出现零轴附近金叉；特征 2 则表明市场上涨动能较强。这两个买入信号叠加，股价接下来出现 3 浪的概率大大增加。因此，投资者可以在零轴附近金叉形成时积极买入。

如图 5-27 所示，2021 年 6 月中旬至 7 月中旬，中兵红箭（000519）的 MACD 指标中，DIFF 线在零轴上方冲高回落，并在零轴附近上下窄幅震荡，同时 MACD 柱线与股价形成底背离形态。这表明上涨动能已经积聚，股价很有可能出现 3 浪涨势。

7 月 9 日，在柱线与股价底背离之后，MACD 出现零轴附近金叉，表明 3 浪彻底形成。投资者要注意积极买入。

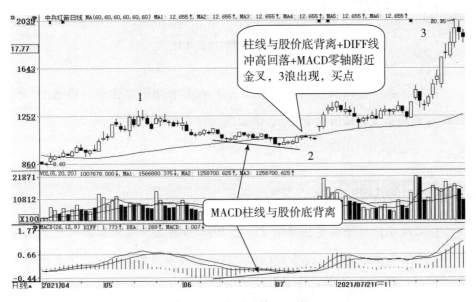

图 5-27　中兵红箭日 K 线

有时候，2 浪的回调以横向盘整的形式进行。这是上涨动能极强的标志，股价接下来甚至会出现连续涨停走势。

如图 5-28 所示，2021 年 11 月至 12 月，云鼎科技（000409）的股价向上突破 60 日均线之后，开始横向盘整。这表明上涨趋势已经初步形成，之前的突破 60 日均线走势为上涨趋势的 1 浪，现在的横向盘整为上涨趋势的 2 浪。

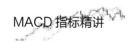
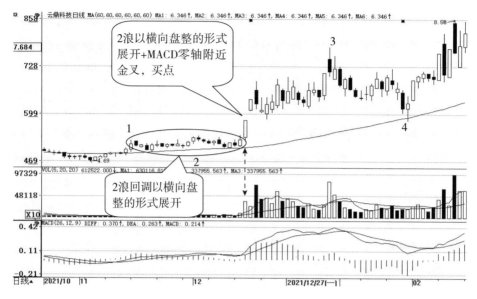

图 5-28　云鼎科技日 K 线

该股 2 浪以横向盘整的形式展开，表明上涨动能非常强。12 月 15 日，MACD 指标出现零轴附近金叉，3 浪出现。投资者要注意及时买入。

 **实战经验**

在实战中，投资者要注意的是，当 DIFF 线冲高回落到零轴附近，且柱线与股价底背离形成后，投资者还可以通过 K 线看涨形态来确认更具体的买点。在中兵红箭的例子中，K 线出现经典看涨形态时，激进型投资者即可大胆买入。

5.2.3　"DIFF 线回到零轴 + 柱线底背离"抓 5 浪

3 浪结束后，股价即将进入 4 浪调整。在 4 浪调整的末期，如果市场上涨动能较强，股价将出现 5 浪的涨势。此时，MACD 指标一般有如下几个特征。

特征 1：DIFF 线回到零轴附近，否则就不能算 3 浪已经彻底结束。

特征 2：DIFF 线在零轴上下徘徊时间不能太久，否则上涨动能很可能会以时间换空间的方式逐渐耗掉。

特征 3：MACD 柱线与股价形成底背离形态或出现其他经典看涨信号，表明上涨动能已经积聚。

这三个特征一旦出现，之后如果 DIFF 线顺利地出现零轴附近金叉，就表明 5 浪开始，买点出现。

如图 5-29 所示，从 2021 年 8 月开始，斯达半导（603290）在经过 3 浪的大幅上涨之后开始回调，形成推动浪中的 4 浪走势。

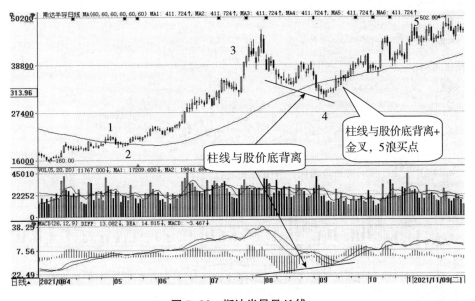

图 5-29　斯达半导日 K 线

在 4 浪中，DIFF 线和 DEA 线跌回零轴。9 月初，MACD 柱线与股价形成底背离形态，表明上涨动能较强，投资者要注意 5 浪的出现。

9 月 14 日，在柱线与股价底背离形态形成后，MACD 指标出现金叉，表明 5 浪开始发动，买点出现。

在把握该买点时，投资者需要注意以下几个关键点。

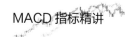

第一，DIFF 线一定要回到零轴附近。

在推动浪中，3 浪上涨动能最强，其涨幅一般最大，所以很容易形成 3 浪内部的 5 个子浪，使投资者难以判断走势的当前状态。

因此，这里以"DIFF 线回到零轴附近"作为 3 浪结束的标志。否则有些投资者很容易在 3 浪内部追涨，以为自己抓到了 5 浪，但实际那只是 3 浪的一个子浪。下面以华东医药的 3 浪为例加以说明。

如图 5-30 所示，从 2021 年 11 月 2 日开始，华东医药（000963）的股价开始回调。在接下来的几个交易日中，该股虽然下跌，但由于 DIFF 线始终没有回到零轴，且从 11 月 8 日开始股价又逐渐回升，可以判断该下跌只是 3 浪的一个子浪。

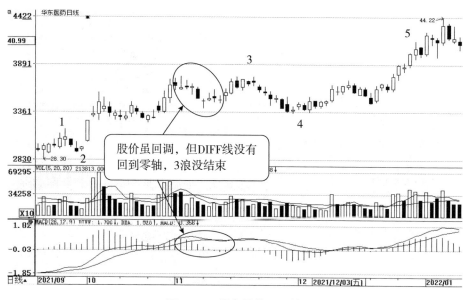

图 5-30　华东医药日 K 线

第二，4 浪的形态预示着上涨动能的强弱。

与 2 浪的调整类似，4 浪的调整如果以横向震荡甚至以缓缓向上的方式展开，表明上涨动能非常强，接下来的 5 浪涨幅会很大。这种走势较为少见，但一旦出现，投资者不可以放过。

第三，5 浪的不确定性。

与 3 浪相比，5 浪不确定性很大，既有可能出现一波波澜壮阔的涨势（5 浪的延伸），也有可能连新高都不能创出（"失败 5 浪"），而且由于 4 浪调整时间较长，陷阱也很多，投资者在操作 5 浪的过程中，要注意严格控制风险。

如图 5-31 所示，2022 年 5 月至 2023 年 3 月，安图生物（603658）出现一波完整的"上涨—下跌"循环。

2022 年 12 月 27 日，MACD 指标出现"MACD 柱线与股价底背离 + 金叉"的上涨信号，预示着一波上涨走势即将出现，很有可能是 5 浪的展开。但走势很快就冲高回落，形成"失败 5 浪"，投资者要注意逢高卖出。

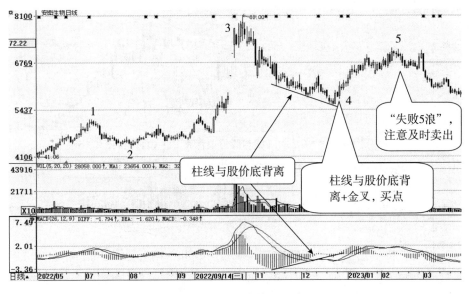

图 5-31　安图生物日 K 线

5.2.4　用"DIFF 线与股价顶背离 + 死叉"来逃顶

一般来说，5 浪出现之后，股价将延续原来的上涨趋势，创出新高。但由于上涨动能已经是强弩之末，所以其涨势会越来越弱。这个过程中，MACD

指标往往出现 DIFF 线与股价的顶背离形态，表明下跌动能正在积聚，预示着 A 浪即将出现。之后，DIFF 线向下跌破 DEA 线形成死叉，表明下跌动能开始释放。

因此，一旦 MACD 指标出现"DIFF 线与股价顶背离 + 死叉"，投资者就要提防 A 浪的出现，要注意及时卖出逃顶。

如图 5-32 所示，2021 年 9 月到 12 月，恒信东方（300081）出现一波上涨趋势，符合推动浪的经典 5 浪结构。

2021 年 12 月 27 日，5 浪创新高之后回调，MACD 指标出现"DIFF 线与股价顶背离 + 死叉"的 5 浪结束信号，投资者要注意及时卖出。

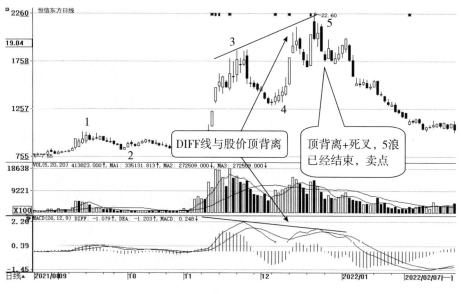

图 5-32　恒信东方日 K 线

在把握逃顶机会时，投资者要注意以下几个常见的问题。

第一，不同级别的顶部。

在本卖点中，"DIFF 线与股价顶背离 + 死叉"有一个重要的前提，那就是伴随着 3 浪的结束，DIFF 线必须回调到零轴附近。之后，伴随着 5 浪的形成，DIFF 线再从零轴附近向上，构成顶背离形态。

　　而在实战中，更为常见的是 DIFF 线并没有回到零轴而形成的顶背离，这种情况往往是由更低时间级别的 5 浪所造成的。因此，投资者一旦见到 DIFF 线没有回到零轴的顶背离，可以结合其他技术分析工具作出综合性判断。

　　如图 5-33 所示，2021 年 2 月到 11 月，力源信息（300184）出现一波上涨趋势，符合推动浪的经典 5 浪结构。

　　8 月 3 日，MACD 出现"DIFF 线与股价顶背离 + 死叉"的看跌信号，表明下跌动能正在积聚。但 DIFF 线之前的回调并没有回到零轴，因此可以判断当前的看跌信号是 60 分钟走势中的 5 浪结束信号。此时，投资者可以先行卖出以规避风险。

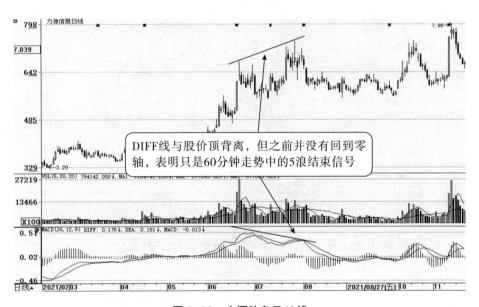

图 5-33　力源信息日 K 线

　　8 月 3 日力源信息在日线图中的看跌信号，实际上是 60 分钟走势中的 5 浪结束信号。该判断可以在 60 分钟走势图中得到验证，感兴趣的投资者不妨自行去验证一番。

　　第二，逃顶的风险——5 浪的延伸。

　　推动浪的 5 浪一旦形成延伸浪，其涨势将波澜壮阔，此时，投资者如果仍然按照"DIFF 线与股价顶背离 + 死叉"来判断 5 浪是否结束，将要踏空后面的涨势。这是该卖点最大的风险。

要降低这种风险，投资者要注意"多周期共振"法则的应用。例如，在日线图中出现 5 浪的结束信号，投资者可以观察周线图中的走势。如果周线图中显示上涨动能仍然很强，此时投资者可以灵活减仓，以达到避险和逃顶的平衡。

如图 5-34 所示，2021 年 10 月到 2022 年 7 月，园城黄金（600766，更名为 *ST 园城）出现一波上涨趋势，符合推动浪经典的 5 浪结构。

2022 年 6 月 13 日，该股出现"DIFF 线与股价顶背离 + 死叉"的 5 浪结束信号。

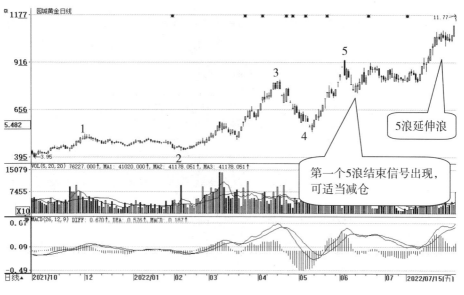

图 5-34　园城黄金日 K 线

如图 5-35 所示，在 6 月 13 日该股出现 5 浪结束信号的同时，该股周线图中，MACD 指标中 DIFF 线依然在 DEA 线上方运行，且 DIFF 线和 DEA 线仍处于零轴上方。这表明周线图中是上涨趋势，市场上涨动能仍然很强。因此，为防止之后市场出现 5 浪的延伸浪，同时也为了降低风险，投资者可以

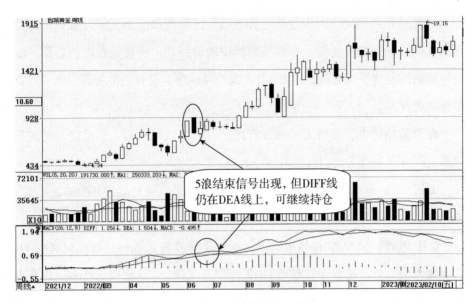

图 5-35　园城黄金周 K 线

在这个 5 浪结束信号出现后适当减仓，但不用全部卖出。

5.2.5　MACD 盘整背离抓调整浪

推动浪中的 2 浪和 4 浪是上涨趋势的调整，有时候，这种调整持续时间非常久（特别是 4 浪），股价在一个相同比较狭窄的范围内上下波动。此时，投资者可以利用 MACD 指标的盘整背离不断地进行高抛低吸，也能获得可观的利润。

盘整背离包括 DIFF 线与股价的背离和柱线与股价的背离两类，每一类又可以分为顶背离和底背离。

在盘整趋势中，一旦股价下跌创出新低，而 DIFF 线（或柱线）没有创出新低，即形成 DIFF 线（或柱线）与股价的盘整底背离。反之，一旦股价创出新高，而 DIFF 线（或柱线）没有创出新高，即形成 DIFF 线（或柱线）与股价的盘整顶背离。

与普通背离相比，因为盘整趋势中股价波动范围较小，所以盘整背离没有那么严格的规定。比如，在盘整趋势中股价回调，即使没有再创新低，而是与前期低点持平或略高，只要 DIFF 线（或柱线）没有创出新低，也可以算作盘整底背离。

在盘整趋势中，投资者见到底背离，可以短线伺机买入；反之，见到顶背离，就可以短线卖出，以获取短线收益。

如图 5-36 所示，2021 年 8 月中旬到 9 月下旬，安科瑞（300286）处于 4 浪调整阶段。投资者要注意盘整背离的出现。

8 月 16 日，MACD 指标出现"柱线与股价的顶背离 + 柱线急剧收缩 +K 线倾盆大雨"的看跌信号，预示 DIFF 线即将下跌，3 浪将彻底结束。投资者可以短线卖出。

9 月 23 日，MACD 指标出现"柱线与股价底背离 + 金叉"的看涨信号，预示股价即将上涨。投资者可以及时买入。

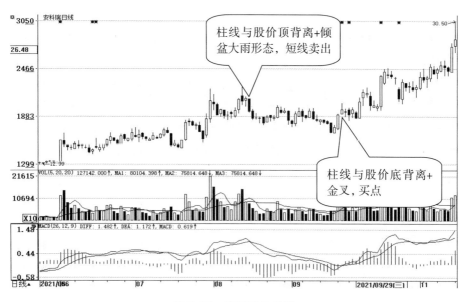

图 5-36 安科瑞日 K 线

在实战中，投资者要注意下面几点。

第一，盘整趋势出现的时机。

盘整趋势一般出现在 2 浪、4 浪和 B 浪中。在一个涨跌循环中，2 浪、4 浪和 B 浪中一般总会有一个持续时间非常长，此时利用 MACD 盘整背离来寻找买卖点，胜算还是比较大的。

第二，盘整背离在实战中的缺陷。

MACD 指标虽然也可以在盘整中使用，但并不经典，这主要是其滞后性造成的。在 1 浪、3 浪行情中，由于涨幅较大，这种滞后性所带来的影响并不明显；但在盘整行情中，股价涨跌幅度较小，这种滞后性所带来的买卖点的不及时将大大影响其实用性。

第三，其他指标的配合。

在操作盘整行情时 MACD 并不是最经典的指标，最经典的是 BOLL 指标和 KDJ 指标。因此，投资者在实战中，可以将这两个指标作为参考。

第四，顺势。

用盘整背离来抓调整浪，最大的风险是出场后踏空了后期的趋势性行情。因此，投资者要注意判断当前的盘整到底是几浪的盘整。如果是 2 浪的盘整行情，投资者要注意及时再次入场。

第 6 章

MACD 指标与成交量

6.1　成交量

6.1.1　量价关系

成交量是指单位时间内某只股票成交的数量。在我国证券市场，反映成交量的指标主要有成交股数和成交额。

成交股数是指某一特定时期内，在交易所交易市场成交的某种股票的数量，是最常见、最常用的一种表达成交量的指标。成交股数主要用来对个股成交量做纵向比较。

因为在成交股数数据中没有考虑个股流通盘大小的差别，投资者难以使用这个数据对个股进行比较，也就不知道一只股票相对其他股票的交易活跃程度。

在证券市场，成交股数一般以"手"为单位，1 手为 100 股。

成交额是指某一特定时期内，在交易所交易市场成交的某种股票的金额。成交额直接反映参与市场的资金量，常用于大盘分析。其单位一般为"万元"。

在实际应用中，成交量分析与价格分析密不可分，通过量价关系组合，投资者可以判断上涨或下跌动能的强弱。一般来说，量价之间的关系主要有以下 6 种。

1. 价升量增

价升量增是指个股或大盘在成交量增加的同时，股价或指数也同步上涨的一种量价配合现象，是最理想的一种价量配合关系。它表明随着股价的上涨，上升动能也在不断增强，预示着股价仍将持续走高。价升量增只出现在上涨行情中，可以分为底部回升时的价升量增和上涨趋势中的价升量增。

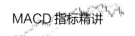

第一，底部回升时的价升量增。

当股价经过一轮较长时间的下跌和底部盘整后，市场中逐渐出现诸多利好因素，这些利好因素增强了市场预期向好的心理，换手逐渐活跃。随着成交量的放大和股价的同步上升，出现了底部回升时的价升量增现象，它表明资金开始持续入场。

如图 6-1 所示，2021 年 5 月，大富科技（300134）在经过一波底部震荡走势后，股价出现价升量增的现象，股价突破 60 日均线，表明资金开始持续入场。

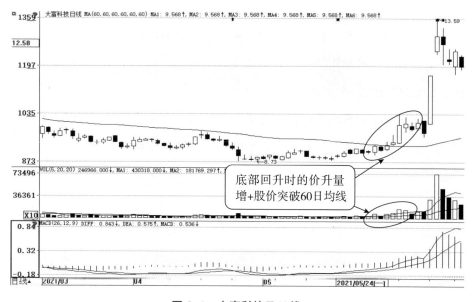

图 6-1　大富科技日 K 线

底部回升时的价升量增，往往是一波上涨趋势的开端。但投资者仍然要耐心等待最好的买入时机。这是因为，有时候这种价升量增只是下跌趋势中的一段暂时的反弹，之后股价仍将延续原来的下跌趋势。因此投资者一旦看到底部回升时的价升量增，最好结合其他技术分析工具，综合研判上涨趋势是否真正形成。例如，在大富科技的例子中，在价升量增的过程中，股价向上突破 60 日均线，更增加了上涨意义的可靠性。投资者可以在股价突破 60日均线后逢低买入，持股待涨。

第二，上涨趋势中的价升量增。

在一轮中长期上涨行情中，随着股价一浪接一浪地走高，很多时候成交量也会呈现逐步增加的态势，预示着中期上涨行情仍将持续。在这个过程中，股价每次缩量回调时，都构成了投资者的入场时机。

如图 6-2 所示，2022 年 11 月至 2023 年 2 月，老白干酒（600559）出现了一波较大的上涨趋势。在这波上涨趋势中，随着股价一浪接一浪地走高，成交量也呈现出逐步增加的态势。投资者可以在股价每次缩量回调时积极买入。

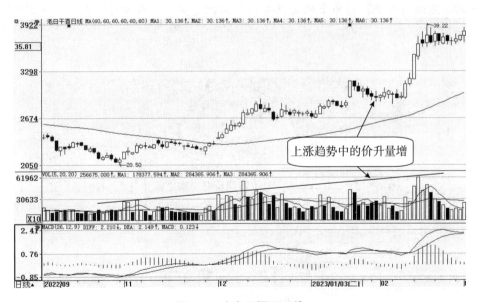

图 6-2　老白干酒日 K 线

2. 价升量减

价升量减是指随着价格的上涨，成交量却不断缩减，是最主要的价量背

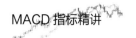

离表现形式。就好比汽车在上坡过程中，驾驶员逐渐松开油门，那么汽车依靠惯性上升一段后，将逐渐停下来。

当出现这种走势特征时，往往预示着股价即将见顶下跌。由于股价仍有上涨的惯性，投资者不用急于卖出，而是要保持高度警惕，当发现股价出现明显的见顶迹象后，再及时进行卖出操作。

价升量减分为两类：短期内的价升量减和中长期的价升量减。

第一，短期内的价升量减。

有时股价在上升过程中，在短期内会出现价升量减的情形，此时往往预示着短期内股价上涨动能衰竭，很可能要进入一个调整周期。投资者可以保持密切关注，待明确的短线反转信号发出后，可以进行减仓操作。

如图 6-3 所示，2021 年 12 月 3 日到 12 月 16 日，灵康药业（603669）的股价持续上涨，而成交量则明显下降，形成短期的价升量减现象。这表明市场上涨动能减弱，后市有较大可能出现回调走势。之后该股出现了一波震荡走势。

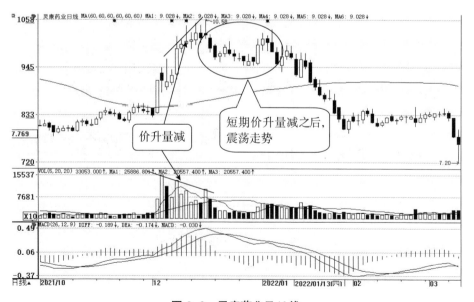

图 6-3　灵康药业日 K 线

第二，中长期的价升量减。

如果出现了长时间、大范围的价升量减情形，往往预示着股价正在构筑中长期顶部。对这种情况，投资者要保持高度警惕，一旦发现中长期见顶信号后，应清仓离场。

如图 6-4 所示，2021 年 11 月至 2022 年 3 月，财信发展（000838）的股价出现一波上涨趋势。在这个过程中，走势形成中长期价升量减态势。这预示着股价正在构筑中长期顶部，投资者要保持警惕，注意及时出场。

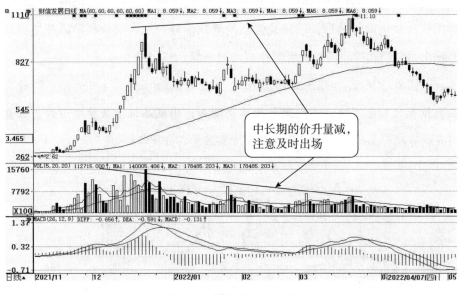

图 6-4　财信发展日 K 线

 精讲提高

投资者一旦发现中长期的价升量减现象，要注意利用其他技术分析工具进行综合研判。在财信发展的例子中，当该股形成中长期的价升量减态势后，2022 年 3 月 28 日，MACD 指标形成了"DIFF 线与股价顶背离＋死叉"的强烈卖出信号，更验证了中长期顶部已经彻底形成。此时，仍然持股的投资者要注意果断卖出。

3. 价跌量增

价跌量增是指随着股价的不断下跌，成交量反而出现持续放大的情形。就好比汽车在下坡时，驾驶员一直在加油，下坡速度自然也会越来越快。这种走势反映出随着股价的下跌，在买方力量不断增加的同时，卖方力量增加幅度更大，股价仍然会节节下跌。

价跌量增可以分为股价高位时的价跌量增和股价低位时的价跌量增。

第一，股价高位时的价跌量增。

当股价处于高位区域时，尤其是当股价处于明显的滞涨状态时，一旦走势出现价跌量增的情形，往往是强烈的看跌信号。它表明获利筹码开始疯狂杀跌出局，仍然持股的投资者要注意及时出场。

如图 6-5 所示，从 2022 年 2 月 21 日开始，海螺水泥（600585）的股价在高位开始加速下跌，而成交量却不断增加，构成高位价跌量增态势。它表明获利筹码开始疯狂杀跌出局，投资者要注意立即出场。

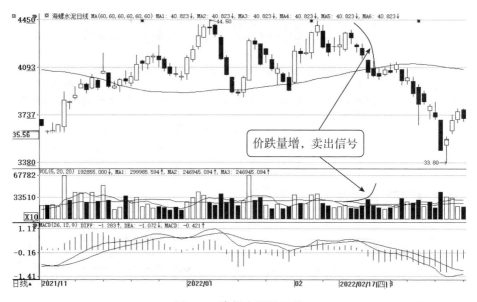

图 6-5　海螺水泥日 K 线

第二，股价低位时的价跌量增。

当股价处于低位时，尤其是经过了长期大幅度的下跌之后，出现价跌量增的走势，说明虽然此时空方实力仍然强大，但是已经有资金开始在下跌中逢低买入，多方已经开始准备反击。此时的价跌量增，可能是空方力量的最后释放，这是股价见底的信号之一。投资者可以保持密切关注，如果后市股价出现明显的企稳走势，可以择机入场。

如图 6-6 所示，2022 年 10 月下旬，高能环境（603588）的股价再次下跌，成交量却有所放大，形成价跌量增态势。这表明市场此时空头实力仍然强大，但是已经有资金开始在这种下跌中逢低买入，多方已经开始准备反击。投资者可以留意。

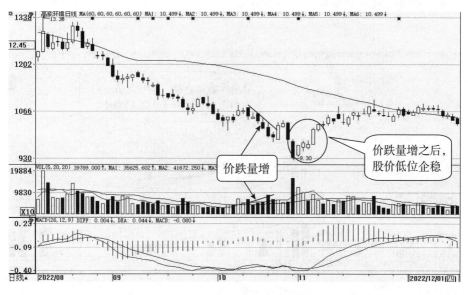

图 6-6　高能环境日 K 线

4. 价跌量减

价跌量减是指随着股价的不断下跌，成交量也在不断缩减，一般称价量齐跌，是价升量增之外的另外一种价量同向的表现形式。这种走势表示随着股价的不断下跌，筹码的锁定性越来越高。价跌量减可分为上涨趋势中的价

跌量减和下跌趋势中的价跌量减。

第一，上涨趋势中的价跌量减。

在一波上涨趋势中，如果股价在到达一个阶段性高点后开始下跌，同时成交量也在不断缩减，那么往往预示着这是一次正常的回调。调整结束后，股价仍将延续原来的上涨趋势。这种上涨趋势中的回调，为踏空投资者提供了良好的介入时机。

看到这种上涨趋势中的价量齐跌时，出于安全考虑，投资者应该等待股价真正调整到位并已经开始回升时再介入。

如图 6-7 所示，2022 年 11 月到 12 月，新华制药（000756）一直处于上涨趋势中。11 月 15 日，股价在达到阶段性高点之后回调，同时成交量也逐步缩减，构成上涨趋势中的价跌量减现象。

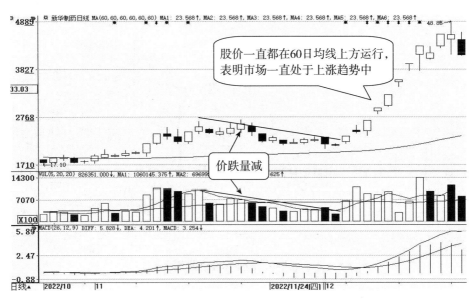

图 6-7　新华制药日 K 线

第二，下跌趋势中的价跌量减。

在下跌趋势已经彻底确定的时候，投资者普遍看空，市场人气急剧下跌，形成价跌量减的走势。这表明市场筹码虽然逐步锁定，但买盘也非常稀少，投资者要注意保持观望，不要急于入场。

如图 6-8 所示，2022 年 8 月到 11 月，山东赫达（002810）股价持续下跌，同时成交量也不断缩减，形成下跌趋势中的价跌量减。这表明市场人气低迷，买盘稀少。此时投资者可以保持观望，不要急于入场。

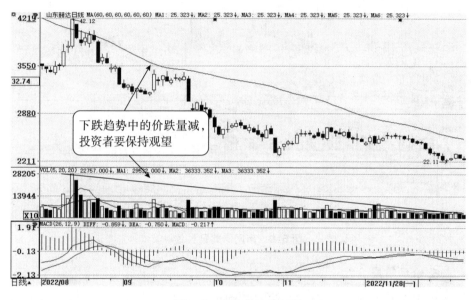

图 6-8　山东赫达日 K 线

5. 价平量增

价平量增是指价格在一个区间范围内震荡，而成交量却持续增加的情形。表明市场上的多空双方正在僵持，一旦某一方在僵持中胜出，股价将打破这种僵持的行情，开始一波较大的上涨或下跌走势。投资者可以耐心等待股价的突破，根据突破方向来决定交易策略。如果股价向上突破震荡区间，说明多方在僵持中胜出，未来股价会持续上涨；如果股价向下跌破震荡区间，说明空方在僵持中胜出，未来股价会持续下跌。

如图 6-9 所示，2022 年 7 月到 9 月，南网储能（600995）的股价在一个狭窄的区间内上下震荡，同时成交量逐步增加，形成了价平量增的走势。2022 年 9 月 30 日，股价向下跌破前期震荡区间，卖出信号出现，投资者要注意及时出场。

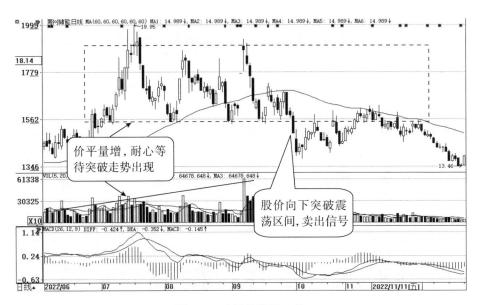

图 6-9　南网储能日 K 线

6. 价平量减

价平量减是指股价在一个区间范围内上下震荡，成交量出现缩减的情形。这表明股价在横盘整理过程中，市场的观望心理愈发浓厚。与价平量增一样，为控制风险，投资者可以等价格出现突破走势后，再采取相应的买卖操作。

如图 6-10 所示，2022 年 11 月下旬至 2023 年 1 月中旬，新华传媒（600825）股价不断地在一个狭窄的区间范围内震荡，同时成交量不断缩减，形成价平量减的态势。这表明市场观望气氛浓厚。

2023 年 2 月 14 日，股价放量突破前期震荡高点，买入信号出现。

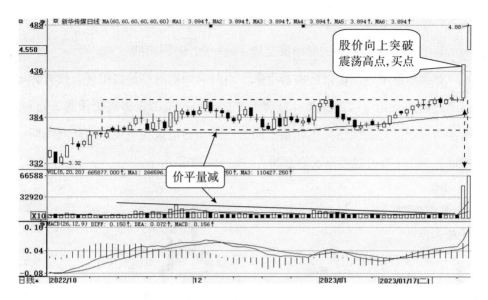

图 6-10　新华传媒日 K 线

 实战经验

在实战中，投资者要注意以下两个方面。

1. 当价平量减出现在上涨趋势中的时候，往往是前期踏空投资者最好的买入时机。

2. 价平量增和价平量减的交易策略，可以突出说明成交量只是价格的一个重要辅助。当价格方向不明朗时，成交量很难起到预示作用，此时就需要等待价格方向的明朗。

6.1.2　均量线指标

均量线（MAVOL）指标是对成交量进行统计处理而得到的一种技术指标，应用极为广泛。它是将一定周期内的成交量进行移动平均后，连接众多的移动平均数得到的平滑曲线。其算法为：

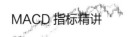

$$MA=(M_1+M_2+M_3+\cdots M_n)/n$$

其中，M_n 为第 n 期的股票成交量，n 为统计时间周期。

在实际应用中，该指标由若干条不同时间周期的均量线组成。投资者可以通过这几条均量线的交叉、背离等方式来对股价的走势进行预测、判断。通常情况下，均量线指标由两条不同时间周期的均量线组成，而时间周期一般设为 5/10（有时也可以设为 5/20），如图 6-11 所示。

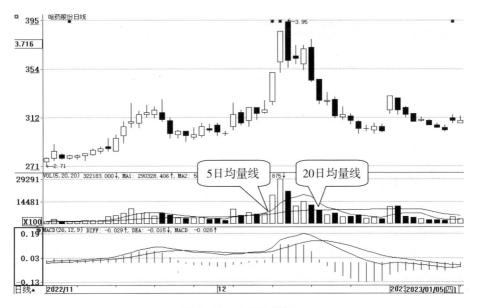

图 6-11　均量线指标

投资者在使用均量线指标时，需要注意两个方面，如图 6-12 所示。

在实战中，最常用的还是 5 日均量线与 20 日均量线交叉所形成的买卖点。

1. 金叉买点

当 5 日均量线上穿 20 日均量线形成金叉时，表明市场交易量开始增大，买盘开始活跃，股价上涨的动能正在逐步增强，股价形成上涨趋势的可能性较大，为买入信号。

第一，均量线指标对股票价格走势的预测不是直接的，而是通过成交量来进行的。与移动平均线等统计股价走向的指标不同，均量线指标是对成交量进行统计处理而得到的。投资者想要通过均量线指标对股价进行预测，需要对量价关系有一定的了解

第二，均量线指标在股价研判中主要起辅助作用。投资者如果想要构造一个关于移动平均线指标的交易系统，可以综合均量线指标进行研判。两者互相印证，能够大大提高交易系统的正确率

图 6-12　使用均量线指标的要点

如图 6-13 所示，2022 年 12 月 23 日，金雷股份（300443）的 5 日均量线上穿 20 日均量线形成金叉，表明市场向上的动能开始增强，股价形成上涨走势的概率较大，买点出现。

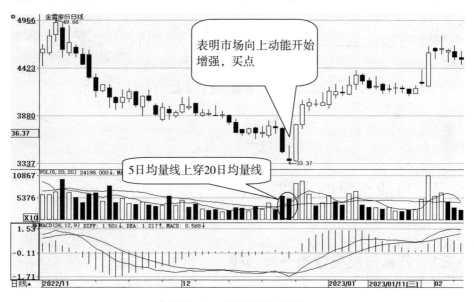

图 6-13　金雷股份日 K 线

2. 死叉卖点

当 5 日均量线下穿 20 日均量线形成死叉时，说明股价的运行失去了成交量的配合，预示着股价形成下跌趋势的可能性较大，为卖出信号。

如图 6-14 所示，2022 年 9 月 20 日，新疆交建（002941）的 5 日均量线和 20 日均量线形成死叉。这表明该股前期上涨走势已经没有了成交量的配合，接下来出现下跌走势的概率较大，为卖出信号。

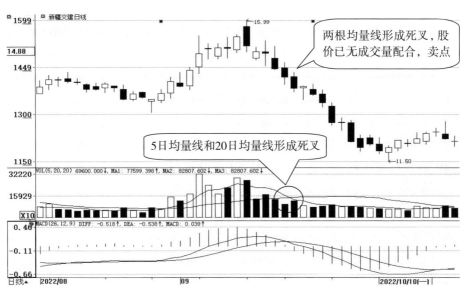

图 6-14　新疆交建日 K 线

6.2　与成交量的实战结合

6.2.1　背离与成交量的一般规律

MACD 指标能够对市场动能做最直观的预测，而成交量则是动能的一种表现形式。因此，在实战中，常用成交量来验证 MACD 指标的可靠性。

下面以 DIFF 线与股价的背离为例加以说明。

1. 底背离

DIFF 线与股价底背离形态一旦形成，就表明上涨动能已经积聚到了一定程度，但它并没有开始释放。此时，成交量仍然较低。之后，上涨动能一旦释放，股价上涨，成交量也将显著放大。

相反，如果 DIFF 线与股价底背离形成后，迟迟不见成交量的放大，就预示着上涨动能不足。此时，投资者要注意防范股价延续原来下跌趋势的风险。

如图 6-15 所示，2022 年 10 月底至 11 月初，锡业股份（000960）MACD 指标中 DIFF 线与股价形成底背离形态，表明上涨动能已经积聚到一定程度。此时，因为上涨动能还没有释放，所以成交量仍然较低。

11 月 4 日，MACD 指标形成 "DIFF 线与股价底背离 + 金叉" 的看涨信号，同时成交量明显放大，表明上涨动能已经释放并得到成交量的确认。

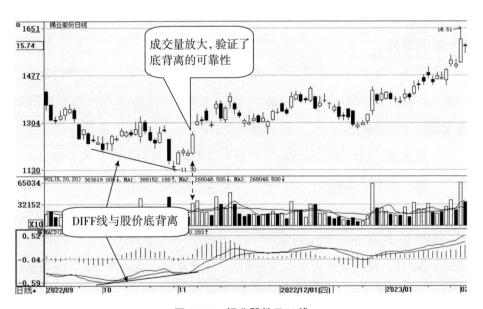

图 6-15　锡业股份日 K 线

如图 6-16 所示，2022 年 12 月底，新天绿能（600956）的 MACD 指标出现 DIFF 线与股价底背离形态，表明上涨动能正在积聚。

之后，股价有所上涨，但成交量并没有明显地放大，显示上涨动能不足。之后，股价再次下跌，延续原来的下跌趋势。

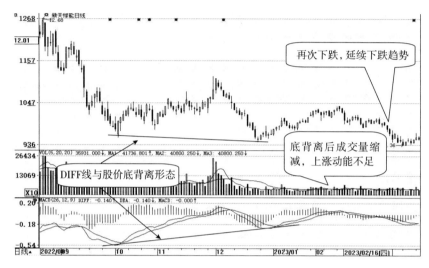

图 6-16　新天绿能日 K 线

2.顶背离

顶背离一旦形成，表明下跌动能已经开始积聚。但此时，股价仍处于上涨趋势中，成交量仍然较大。之后，下跌动能释放，伴随着股价的持续下跌，成交量将逐步缩减。

一般来说，顶背离的形成需要两段上涨走势，且第二段上涨走势的动能要弱于前一段上涨走势。因此，第二段上涨走势的成交量总体上要小于前一段上涨走势的成交量。

如图 6-17 所示，2021 年 12 月初，中欣氟材（002915）的 MACD 指标出现 DIFF 线与股价顶背离形态，表明下跌动能已经积聚。但此时，市场整体上仍处于上涨趋势中，成交量仍然较大。

2021 年 12 月 6 日，MACD 指标顶背离后出现死叉，表明下跌动能已经开始释放。之后伴随着股价的持续下跌，成交量持续缩减。

从中还可以看出，2021 年 9 月到 12 月，出现两段上涨走势。其中第一段

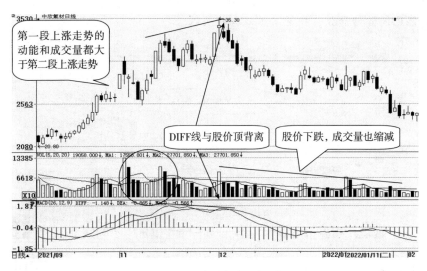

图 6-17　中欣氟材日 K 线

上涨走势涨幅巨大，上涨动能超过第二段，成交量也比第二段的大。

6.2.2　三金叉与三死叉

三金叉与三死叉是指 MA、MACD 和 MAVOL 三个指标同时出现买入信号（金叉）或卖出信号（死叉）。其中，MA 和 MAVOL 的参数都是 5/20。

三金叉出现，表明上涨动能开始释放，市场已经由空头走势转为多头走势，并且得到了成交量的配合，接下来有较大的可能出现一波上涨趋势。三金叉是强烈的买入信号。

三死叉出现，则表明下跌动能开始释放，市场已经由多头走势转为空头走势，并且得到了成交量的确认。三死叉是比较强烈的卖出信号。

三金叉和三死叉可以发生在同一个交易日，也可以在几个交易日内先后出现。一般来说，均量线的金叉往往最先出现。

如图 6-18 所示，2022 年 12 月 30 日到 2023 年 1 月 6 日，亿晶光电（600537）的 MA、MACD、MAVOL 指标连续出现金叉，形成三金叉形态。这表明上

涨动能已经开始释放，投资者可以积极买入。

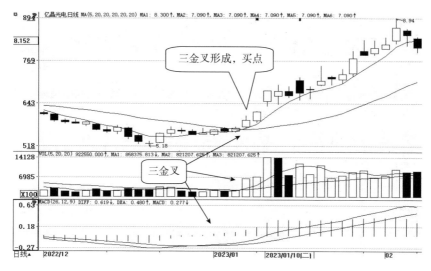

图 6-18　亿晶光电日 K 线

如图 6-19 所示，2022 年 8 月 29 日到 9 月 1 日，创维数字（000810）的 MA、MACD、MAVOL 指标形成三死叉形态。这表明下跌动能已经开始发动，投资者要注意果断卖出。

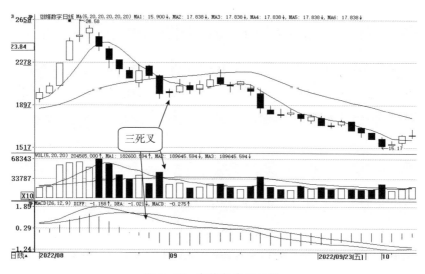

图 6-19　创维数字日 K 线

第 7 章

MACD 指标与形态理论

7.1　形态理论

7.1.1　5 种反转突破形态

反转形态是指股价改变原有的运行趋势所形成的运动轨迹。它存在的前提是市场原先确有趋势出现，而在反转形态之后，趋势改变了原有的方向。

反转形态具有如下几个明显的特点。

第一，规模越大，新趋势的市场动作也将越大。

反转形态的规模包括空间和时间跨度，决定了随之而来的市场动作规模，即形态的规模越大，新趋势的市场动作也将越大。

第二，所需时间因所处位置不同而有所差别。

一般来说，在底部区域，市场形成反转形态需要较长时间，而在顶部区域则经历的时间较短，但其波动性远大于底部形态。

第三，交易量具有重要作用。

反转形态最终能否得到确认，成交量是一个重要的指标。特别是在底部反转形态中，股价由下跌趋势彻底转为上涨趋势，一般都要有成交量的确认。

下面分别介绍几种常见的反转突破形态。

1. 头肩形态

头肩形态包括头肩底和头肩顶两种形态，是非常典型的反转形态。

头肩底形态，是指股价在构筑底部的过程中，先是跌至某低点后开始反弹，构筑了"左肩"；之后继续下跌并创出新低，构筑了"头部"；然后反弹后再次回落，但这次回落的低点高于"头部"位置，构筑了"右肩"。将"左肩"与"右肩"的高点相连，就得到头肩底的颈线。股价突破颈线，意味着头肩底形态最终完成，如图 7-1 所示。

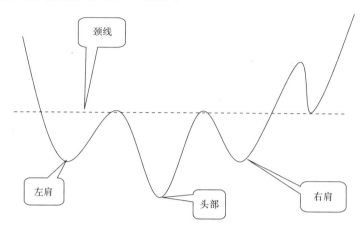

图 7-1　头肩底形态

头肩底形态的买点一般有两个。

买点 1：突破颈线时。

买点 2：回抽确认时（注意：买点 2 有时不会出现）。

如图 7-2 所示，2022 年 9 月至 2023 年 2 月，楚天高速（600035）日线图上出现头肩底形态。

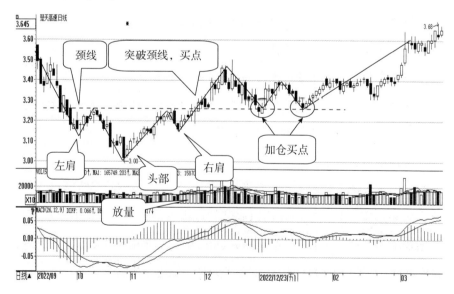

图 7-2　楚天高速日 K 线

2022 年 11 月 29 日，股价放量向上突破颈线，此时投资者可以积极买入股票。

之后股价两次回调受到颈线的支撑后再次冲高，这是对头肩底形态的确认。此时投资者可以加仓买入。

头肩顶形态，是指股价在构筑顶部的过程中共形成三个高点，就像人的头部和肩部一样，中间的头部最高，两侧左右肩的价位基本相同。将"左肩"低点与"右肩"低点进行连线，就得到了头肩顶的颈线，如图 7-3 所示。

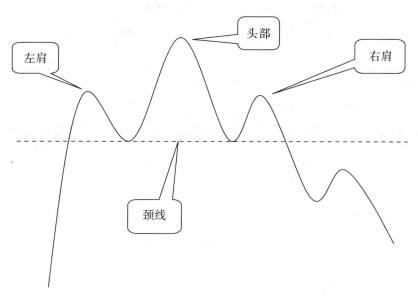

图 7-3　头肩顶形态

当股价跌破颈线位置时，头肩顶形态成立。当股价反弹至颈线位置再次向下，头肩顶形态得到确认。

头肩顶形态表明下跌趋势基本形成，其卖点有两个。

卖点 1：突破颈线时。

卖点 2：反弹确认时（注意：有时候第 2 个卖点不会出现）。

如图 7-4 所示，2022 年 6 月至 7 月，华能国际（600011）日线图上出现头肩顶形态。在股价连续三次上攻过程中，左肩、头部和右肩的成交量减少，

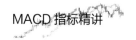

这说明多方势弱。

2022 年 7 月中旬，股价第三次上涨不能再创新高，同时成交量也逐渐微弱，投资者要警惕。7 月 22 日，股价跌破颈线，卖点 1 出现。8 月 1 日，股价反弹确认，卖点 2 出现。

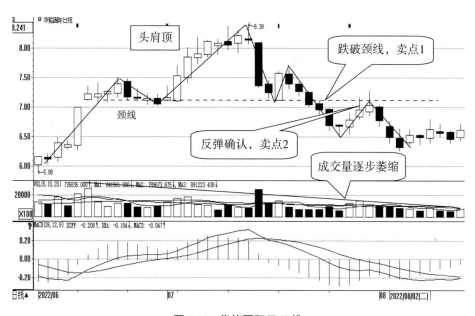

图 7-4　华能国际日 K 线

2. 双底、双顶形态

双底形态和双顶形态也是较为常见的反转形态。下面分别加以介绍。

双底形态也称"W 底"，是指股价的底部由两个低点构成，这两个低点的价位大致相同，形态上类似一个"W"。从第一个底部反弹的高点画一条水平直线，就得到双底的"颈线"，如图 7-5 所示。

股价在突破颈线位后，双底形态完成。很多时候，股价在突破颈线位后，对颈线位会有一个回抽动作。当股价在颈线位获得支撑并重新上涨的时候，说明双底形态得到最终的确认，底部基本构筑完毕。

需要注意的是，有些时候股价突破颈线位后，并没有回抽确认的过程，

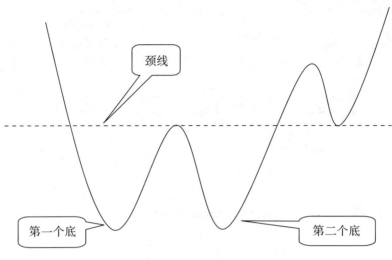

第一个底　　　颈线　　　第二个底

图 7-5　双底形态

而是直接上涨。

因此，双底形态也有两个买点。

买点 1：股价向上突破颈线时。

买点 2：股价回抽确认时（注意：第 2 个买点有可能不会出现）。

如图 7-6 所示，2022 年 9 月至 11 月，德美化工（002054）股价连续两次下跌至几乎同一位置获得支撑，形成了双重底形态。这个形态是股价将会见底反弹的信号。从第一个底部结束后反弹的高点做水平线，可以得到该形态的颈线。

11 月 22 日，股价突破颈线，此时投资者可以积极买入该股票。

双顶形态又称"M 头""双重顶""双头""M 顶"，是指股价在上涨过程中两次到达同一个价格区域后均出现回落，形成了两个高点，K 线走势上构成一个"M"形状。在两个高点之间的回落低点画一条水平直线，就构成双顶形态的颈线，如图 7-7 所示。

股价在跌破颈线位后，双顶形态正式完成。很多时候，股价在跌破颈线位后，对颈线位会有一个回抽动作。当股价在颈线位遇到阻力并继续下跌的

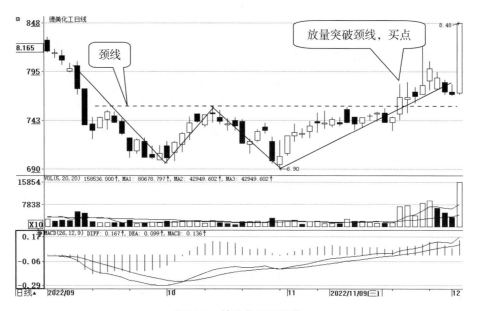

图 7-6　德美化工日 K 线

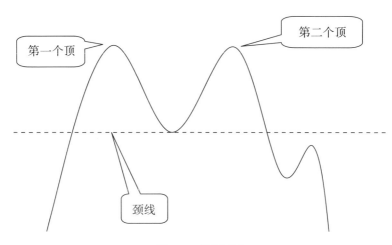

图 7-7　双顶形态

时候，说明双顶形态得到最终确认，顶部构筑基本完毕。

　　需要注意的是，与所有的"突破"或者"跌破"走势类似，有时股价在跌破颈线位后，并没有回抽确认的过程，而是直接继续下跌。

　　因此，在双顶形态中，有两个卖点，投资者要注意把握。

卖点 1：股价跌破双顶的颈线位置时。

卖点 2：跌破颈线后，股价对颈线位置进行反弹确认时。此时双顶形态得到最终确认，投资者应立即行动，进行清仓操作（注意：卖点 2 有时可能不会出现）。

如图 7-8 所示，2021 年 6 月至 8 月，得润电子（002055）在 12 元区域构筑了一个双顶形态，形态完成后，该股出现大幅下跌走势。对于中线投资者来说，如果能够识别出这个日线的顶部形态，将可以把握住顶部的中线卖出时机。

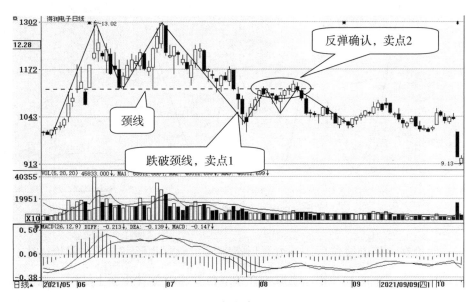

图 7-8　得润电子日 K 线

 **实战经验**

在实战中，得润电子案例中的卖点 2 是双顶形态（或者说下跌趋势）的最后一个卖点。投资者一旦错过这个卖点，之后的损失将会巨大。特别是在大熊市中，一旦错过该卖点，要想解套，往往需要多年的时间。

3. 三重底、三重顶形态

三重底形态和三重顶形态在实战中虽不太常见，但一旦出现，往往成为多空转换的关键点。

三重底形态是指股价在形成底部的过程中，连续三次在某个低点位置回升。也就是在双底的基础上，股价多了一个反弹、探底的过程，形成了三个底部低点。将中间两次反弹的高点进行连接，就得到三重底的颈线，如图 7-9 所示。

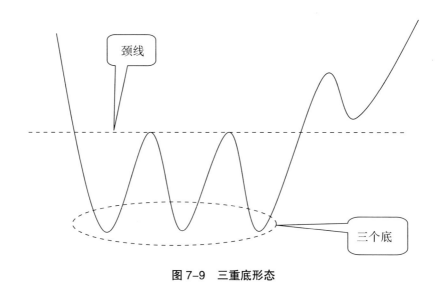

颈线

三个底

图 7-9　三重底形态

股价在突破颈线位后，三重底形态完成。与双底形态一样，股价往往会对颈线位有一个回抽动作。当股价在颈线位获得支撑并重新上涨时，就说明三重底形态完全成立，本次底部得到确认。

需要注意的是，与双底类似，有些时候股价突破颈线位后，并没有对颈线回抽确认的过程，而是直接向上。

三重底的抄底方法与双底相似，都是在股价"突破颈线"和"回抽确认"的时候，两个买点先后出现（注意：买点 2 有时不会出现）。

如图 7-10 所示，在经过一波下跌走势之后，2022 年 2 月到 5 月，中兵红箭（000519）出现三重底形态，发出看涨信号。

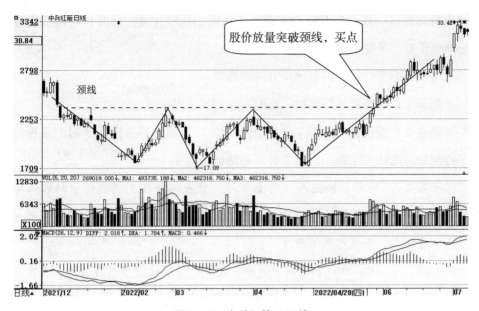

图 7-10　中兵红箭日 K 线

5 月 27 日，该股股价向上放量突破三重底形态的颈线，表明上涨趋势已经形成，买点出现。投资者要注意把握该买点。

三重顶形态是指股价在上涨过程中，连续三次在同一个价格区域遇阻回落，形成了三个高点。将中间的两个回落低点进行连线，就得到三重顶的颈线，如图 7-11 所示。

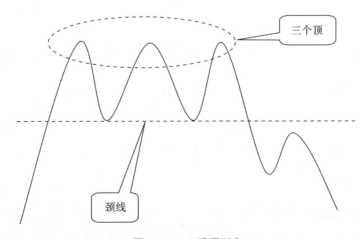

图 7-11　三重顶形态

　　与双重顶一样，当股价跌破颈线时，形态构筑完成。当股价对颈线完成反弹确认后，顶部形态得到最终确认。

　　与双顶形态一样，三重顶也有两个卖点。

　　卖点 1：股价跌破颈线时，此时三重顶形态基本成立。

　　卖点 2：股价跌破颈线后，对颈线位置进行回抽确认时。此时三重顶形态得到最终确认（注意：卖点 2 并不必然会出现）。

　　如图 7-12 所示，2022 年 7 月至 9 月，原来运行在上涨趋势中的冰山冷热（000530）日线图中出现三重顶走势。投资者将其在高位回调产生的两个低点相连得到三重顶形态的颈线。

　　2022 年 9 月 30 日，该股跳空低开，盘中一举跌破该形态的颈线，三重顶形态得到确认，卖点出现。随后股价进入下跌趋势。

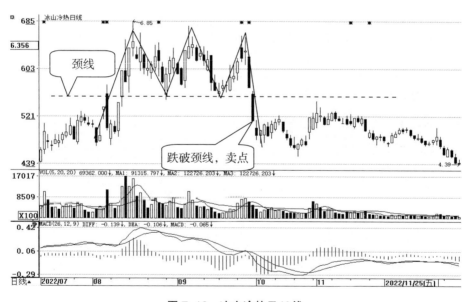

图 7-12　冰山冷热日 K 线

4. V 形形态

　　V 形形态包括 V 形底和倒 V 字顶。

　　V 形底，又名"尖底"或"底部 V 形反转"，顾名思义，就是股价在底部的走势形态就像一个 V 字。股价先是持续下跌，在跌至某个价位后，股价开始反转并持续上涨，如图 7-13 所示。

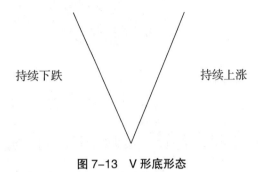

持续下跌　　　　　　　　　　　　持续上涨

图 7-13　V 形底形态

V 形底是较强势的底部反转信号。当股价下跌一段时间后在底部放量反弹时，V 形底已经基本形成。此时激进的投资者可以适当买入股票。

当股价上涨到 V 形底左侧持续下跌开始的价位时，可能会遇到一定阻力。如果股价能突破这个阻力，则可以确定 V 形底形态成功，此时投资者可以大胆买入股票。

按照 V 形底买入股票后，投资者应该将止损位设定在 V 形的底端。如果该股股价跌破这个位置，说明上涨趋势被破坏，空方继续强势，投资者应该尽快卖出手中的股票。

如图 7-14 所示，2022 年 10 月至 11 月，工商银行（601398）出现一波"急剧下跌—急剧上涨"的走势，形成 V 形底形态。

进入 12 月，股价冲高回落，但没有再创新低，而是企稳回升，这是新一波上涨趋势形成的标志，投资者可以逢低买入。

倒 V 字顶，又称"尖顶"，其形成过程是股价先持续上涨，当涨至某价位后，由于重大利空或主力开始集中卖出，股价突然开始持续下跌。其 K 线形态非常像一个倒置的 V 字，如图 7-15 所示。

倒 V 字顶形态一般多出现在市场炒作气氛非常浓厚、投资者普遍看多的时候。这种突然的转折往往令投资者措手不及，来不及做出正确的卖出反应。

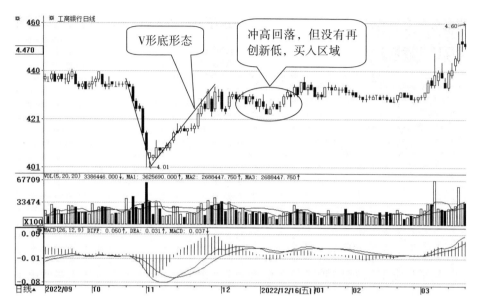

图 7-14　工商银行日 K 线

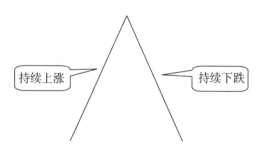

图 7-15　倒 V 字顶形态

倒 V 字顶形态的卖点比较难把握，这是由于在该形态中，股价到顶后的转折非常突然，下跌速度往往很快，在下跌的初段反弹很少。在这种顶部走势中，投资者没有充裕的时间来进行分析和判断。

为避免错失顶部卖出的机会，又不会过早卖出而踏空后面的行情，投资者可以采取分批卖出的策略，来应对这种暴涨暴跌的顶部走势。

如图 7-16 所示，2022 年 12 月中旬，之前缓缓上涨的东北制药（000597）开始加速上涨，出现多个放量涨停板。12 月 22 日，股价在顶部出现放量倾盆

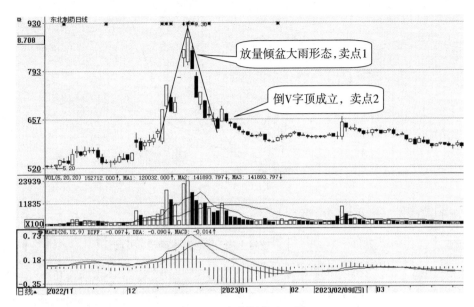

放量倾盆大雨形态，卖点 1

倒 V 字顶成立，卖点 2

图 7-16　东北制药日 K 线

大雨形态，表明短期内下跌动能占据优势，卖点 1 出现。之后该股快速下跌，出现多个跌停板。2023 年 1 月 3 日，股价止跌反弹，倒 V 字顶形态基本明朗，卖点 2 出现，投资者需要尽快清仓。

5. 圆弧形态

圆弧形态包括圆弧底和圆弧顶两种。

圆弧底也叫"碗形底"，是指股价在下跌过程中跌速越来越慢，最终股价开始反转向上，上涨速度呈现由慢到快的趋势，最终形成一个类似圆弧的底部，如图 7-17 所示。

圆弧底并不常见，但是一旦出现，后面的升势往往比较猛烈。同时，圆弧底也是较难把握的一种底部形态。投资可以在形态初步呈现、股价逐步攀升时就开始买入。

如图 7-18 所示，2021 年 9 月至 10 月，科汇股份（688681）日线图上出现圆弧底形态。

11 月 5 日，股价放量上涨。此时圆弧底形态已经基本可以确立，投资者

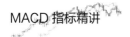

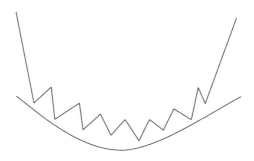

图 7-17 圆弧底形态

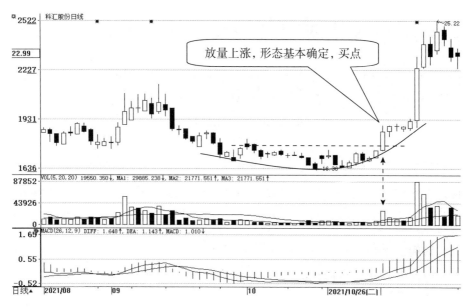

图 7-18 科汇股份日 K 线

可以买入股票。

　　有时圆弧底形态完成后，股价并没有立即上涨，而是出现一个震荡洗盘动作，这个过程在形态上很像"碗"的"碗柄"。此时投资者不要恐慌，在没有跌到前期"碗底"的情况下应耐心持股，甚至可以待洗盘结束后适时加仓。

　　圆弧顶也称"锅盖顶"，其 K 线的走势与圆弧底正好相反。股价在上涨过程中涨速越来越慢，并开始逐渐反转向下，随后下跌速度逐渐加快，最终形成一个呈圆弧形状的顶部，如图 7-19 所示。

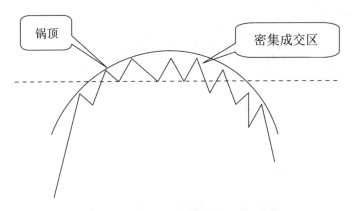

锅顶

密集成交区

图 7-19　圆弧顶形态

与圆弧底的"碗底"类似，在圆弧顶的顶端区域，同样集中了众多的 K 线，是圆弧顶形态中的密集成交区，可以称之为"锅顶"，如图 7-19 所示。

圆弧顶反映了多方力量逐渐消退，空方力量逐渐增强的市场变化，是一种可靠的顶部形态。

圆弧顶并不是常见的顶部形态，但是一旦出现，其杀伤力往往较大。当投资者发现在股价高位出现这种形态时，应该果断地进行卖出操作。

有时，在圆弧顶形成后，股价会出现一定的向上回抽的动作，但是往往会在"锅顶"位置遇阻回落，此时同样是卖出时机。

如图 7-20 所示，2022 年 5 月至 8 月，南华生物（000504）日线图上出现圆弧顶形态。

在圆弧顶形成过程中，南华生物连续多次上涨到弧线位置遇到阻力。在不断受阻回调过程中，股价逐渐由减速上涨行情变成加速下跌行情。

8 月 2 日，股价创出阶段新低，此时顶部形态已经形成，说明下跌趋势已经开始明朗，卖点出现，投资者要注意及时卖出持股。

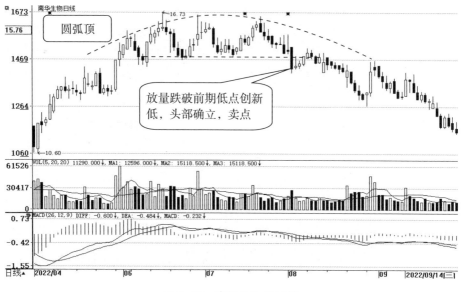

图 7-20　南华生物日 K 线

7.1.2　持续整理形态

　　持续整理形态是暂时的休整形态，待该形态完成后，股价仍将延续整理形态之前的趋势方向。就好像人走累了，需要休息一下，休息完继续赶路。也就是说，牛市中的整理形态完成后，股价仍将继续上涨；熊市中的整理形态完成后，股价仍将继续下跌。

　　持续整理形态具有很强的欺骗性。牛市中的整理形态常常让投资者误以为牛市结束而过早卖出，熊市中的整理形态常常让投资者误以为熊市结束而过早买入。清楚地识别不同的整理形态，投资者就可以尽量避开这种陷阱，达到牛市中不被清洗出局、熊市中不被诱骗入场的目的。

　　比较常见的整理形态有三角形整理、旗形整理、矩形整理和楔形整理这四种形态。不论何种形态，都有共同的把握买卖点的原则，就是形态的"突破买（卖）点"和"回抽（反弹）确认买（卖）点"。

　　下面分别介绍这四种形态。

1.三角形整理形态

三角形整理形态指股价在整理过程中，将高点和低点分别进行连线后，两条线虽然方向不同但最终能够相交，很像三角形的两条边，因此称为三角形整理形态。

三角形整理形态可以分为牛市中的三角形整理形态和熊市中的三角形整理形态。

第一，牛市中的三角形整理形态。

上涨趋势确定之后，如果股价回调，形成三角形整理形态，表明市场正在不断蓄势。之后，股价有较大可能延续原来的上涨趋势。

当确认股价将延续原来的上涨趋势时，一般将出现两个买点。

买点 1：股价突破三角形上边线。

买点 2：股价突破之后回抽确认。

如图 7-21 所示，2021 年 4 月至 6 月，宗申动力（001696）日线图上出现牛市中的三角形整理形态。

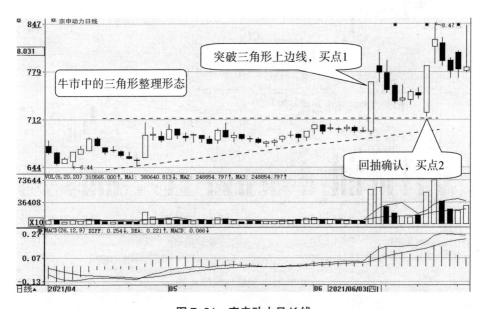

图 7-21　宗申动力日 K 线

在几个月中，宗申动力股价连续两次在几乎相同的价位遇到阻力回调，但每次回调的低点越来越高，形成上升三角形。

2021 年 6 月 10 日，股价放量向上突破压力位，买入信号出现。此时投资者可以买入股票。之后股价回抽确认也是一个买点，投资者要注意把握。

第二，熊市中的三角形整理形态。

熊市一旦形成，市场将在较长时间处于下跌趋势中。在这个过程中，有时候股价会出现暂时的反弹走势，形成三角形整理形态。它表明市场正在不断蓄势，股价接下来有较大可能延续原来的下跌趋势。

当确认股价将延续原来的下跌趋势时，一般将出现两个卖点。

卖点 1：股价跌破三角形下边线。

卖点 2：股价反弹确认。

如图 7-22 所示，2022 年 3 月至 4 月，盈峰环境（000967）日线图上出现熊市中的三角形整理形态。

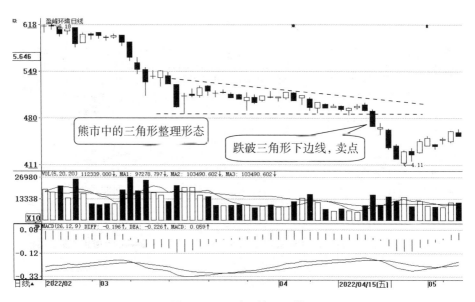

图 7-22　盈峰环境日 K 线

在反复震荡行情中，股价多次在同一价位获得支撑。但获得支撑后反弹的高点却越来越低。这表示多方力量不足，已经渐渐无力支撑股价。如果此时投资者手中持有股票，不必急于卖出，应该密切关注股价变化。

4 月 21 日，股价放量跌破支撑位，卖点出现。此时投资者应该尽快将手中的股票卖出。

 实 战 经 验

一般来说，盈峰环境案例中的卖点出现之前，股价跌幅已经较大，还没有出场的投资者已经被深套。此时，卖点出现，投资者可以先出场，之后等股价下跌后再回补，以降低持股成本。

2. 旗形整理形态

旗形整理形态是指股价在整理过程中，将高点和低点分别进行连线后，两条线呈现向上或者向下倾斜的平行形态，和此前的上升或者下跌走势连在一起，很像一面旗帜，因此称为旗形整理形态。

在升势中出现、形态向下倾斜的旗形称为"上升旗形"；在跌势中出现，形态向上倾斜的旗形称为"下降旗形"，如图 7-23 所示。

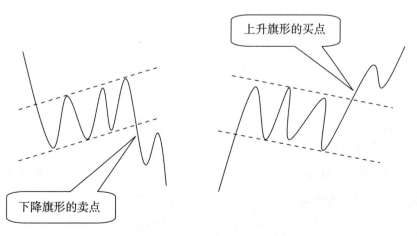

图 7-23　旗形整理形态

旗形整理形态通常出现在急速的上升或者下跌过程中，在旗形整理形态的前后，股价波动通常比较剧烈。与三角形整理形态的交易点类似，当股价突破旗形上边线时，买点出现；当股价跌破下边线时，卖点出现。

如图 7-24 所示，2022 年 11 月 18 日开始，原本处于上涨趋势的电科数字（600850）进入调整走势。在调整过程中，K 线走势呈现旗形整理形态。

2023 年 1 月 18 日，股价放量向上突破旗形的上边线，预示着调整结束，买点出现。这时投资者可以注意把握买入时机。

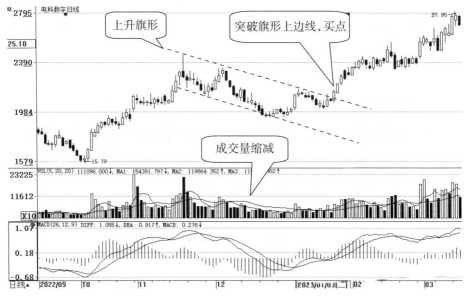

图 7-24　电科数字日 K 线

如图 7-25 所示，2022 年 9 月至 12 月，海欣股份（600851）日线图上出现下降旗形。这属于庄家制造多头陷阱、伺机出货的形态。看到这个形态后，投资者应该保持谨慎。

12 月 19 日，股价跌破下降旗形的下边线，支撑位被破，此时投资者应该尽快将手中的股票全部卖出。

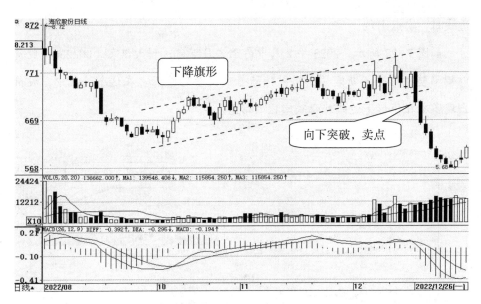

图 7-25　海欣股份日 K 线

3. 矩形整理形态

矩形整理形态是指股价呈现横向的上下波动，将高点和低点分别进行连线后，就形成一个水平的矩形整理形态，如图 7-26 所示。

当股价向上突破矩形的上边线时，买点出现；当股价向下跌破矩形的下

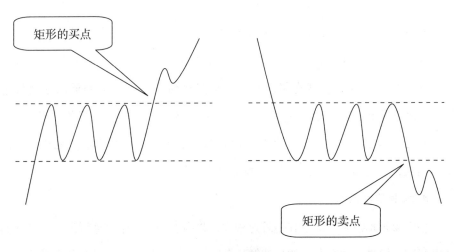

图 7-26　矩形整理形态

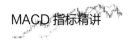

边线时，卖点出现。

如图 7-27 所示，2023 年 2 月中旬至 3 月下旬，科大讯飞（002230）股价以矩形整理形态不断震荡，同时伴随着成交量的降低。在这个过程中，股价出现多次在矩形下边线处止跌回稳的形态。

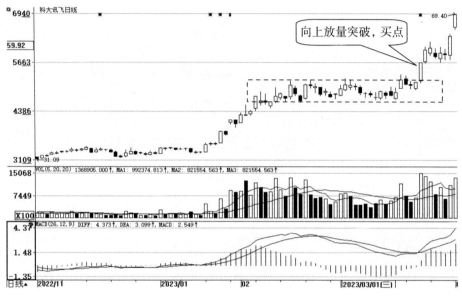

图 7-27　科大讯飞日 K 线

2023 年 3 月 23 日，股价向上放量突破矩形上边线，买点出现。

如图 7-28 所示，2022 年 4 月底，锡业股份（000960）股价经过一段时间的下跌之后进入震荡整理走势，且震荡中产生的阶段性高点和低点分别处于相近的水平价位上，用直线将高点和低点分别连接后，形成矩形整理形态。

2022 年 7 月 15 日，股价向下跌破矩形下边线，卖点 1 出现。之后，股价反弹确认，又形成了卖点 2，投资者要注意把握。

4. 楔形整理形态

楔形整理形态是指股价在整理过程中，将高点和低点进行连线后，两条线的方向相同，但是角度逐渐收敛，就像一个楔子一样，分为上升楔形和下降楔形。

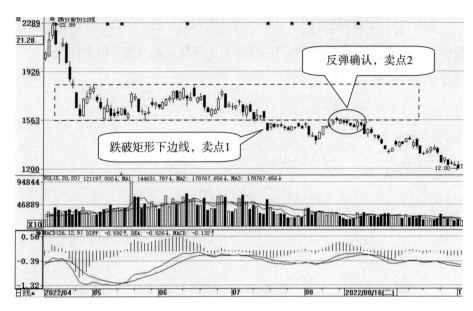

图 7-28　锡业股份日 K 线

上升楔形出现在一段大幅下跌后的震荡反弹过程中。股价在震荡中上涨，上方压力线和下方阻力线均为向上倾斜的直线，但压力线要比支撑线平缓，如图 7-29 所示。

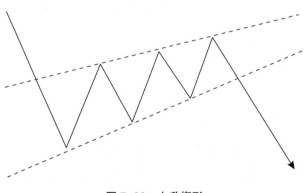

图 7-29　上升楔形

上升楔形中，通道的上边比下边平缓，说明多方虽然能对股价形成比较有力的支撑，但并没有太多力量拉升股价。经过一段时间震荡整理后，股价向下突破的可能性较大。

下降楔形出现在股价大幅上涨后的震荡回调过程中。在反复震荡下跌过程中，股价上方压力线和下方阻力线均为向下倾斜的直线，但支撑线要比压力线平缓，如图 7-30 所示。

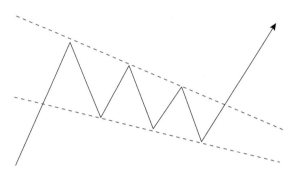

图 7-30　下降楔形

无论是上升楔形，还是下降楔形，在牛市或者熊市中均有可能出现。其形态完成后，股价往往会沿着形态之前的方向运行，不过有时也会出现反转走势。因此，投资者应等楔形整理形态完成后操作。如果股价突破上边线，则进行买入操作；如果股价跌破下边线，则进行卖出操作。

如图 7-31 所示，在经过一波上涨走势之后，2022 年 8 月下旬到 9 月下旬，大港股份（002077）缩量回调，以下降楔形的形式不断震荡。

2022 年 10 月 14 日，该股股价向上突破楔形上边线，之后股价缓缓震荡，20 日，股价又放量大涨，得到了成交量的确认，买点出现。

如图 7-32 所示，2021 年 10 月中旬至 2022 年 1 月初，江苏国泰（002091）股价经过一段时间的下跌后出现反弹走势，反弹中出现的阶段高点和低点都在不断抬高，且振幅不断收窄。用直线分别连接高点和低点后可以看出反弹走势呈现出一个上升楔形的形态。

2022 年 1 月 19 日，该股股价向下放量跌破上升楔形的下边线，表明反弹走势终结，股价将要继续下跌，卖点出现。

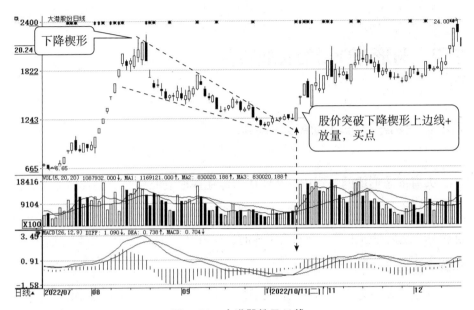

图 7-31　大港股份日 K 线

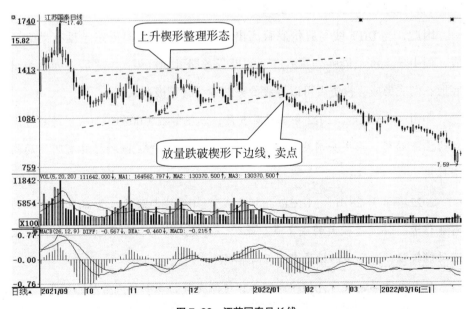

图 7-32　江苏国泰日 K 线

7.2 与形态理论的实战结合

7.2.1 头肩形态与 MACD 指标

头肩形态形成的过程中，MACD 指标往往形成经典的顶底背离形态。在头肩底形态中，其头部形成时，MACD 指标会出现 DIFF 线与股价底背离的看涨信号。之后股价上涨，当右肩形成时，DIFF 线往往向上突破零轴然后回调，得到支撑后再次向上。

反之，在头肩顶形态中，其头部形成时，MACD 指标会出现 DIFF 线与股价顶背离的看跌信号。之后股价下跌，当右肩形成时，DIFF 线往往向下跌破零轴然后反弹，受到阻力后再次向下。

因此，当 DIFF 线与股价底背离出现后，虽然底背离形态还没有最终形成，但由于上涨动能强烈，激进型的投资者即可伺机买入。之后，如果头肩底形态彻底形成，投资者可以等股价突破颈线时积极买入。

如图 7-33 所示，2022 年 3 月至 5 月，三花智控（002050）从下跌趋势反转为上涨趋势，形成头肩底形态。在这个过程中，MACD 指标具有明显的指示作用。

2022 年 4 月 28 日，MACD 指标形成"DIFF 线与股价底背离＋金叉"的看涨信号，伴随着较大的成交量。此时，头肩底形态虽没有彻底形成，但上涨动能较强，激进型的投资者可以及时买入。

从 5 月开始，股价开始冲高回落但得到支撑，逐渐形成头肩底形态。6 月 1 日，股价突破头肩底形态颈线，在此之前，MACD 指标形成零轴附近金叉的看涨信号。看到这两个信号，投资者可以果断买入。

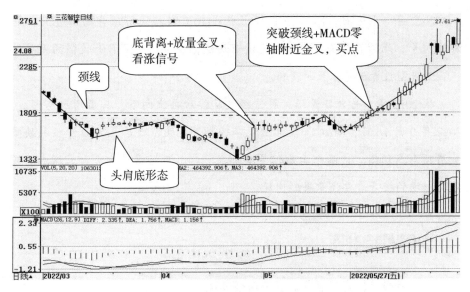

图 7-33　三花智控日 K 线

如图 7-34 所示，2022 年 6 月至 9 月，华阳集团（002906）由上涨趋势转为下跌趋势，形成头肩顶形态。在这个过程中，MACD 指标出现明显的指示信号。

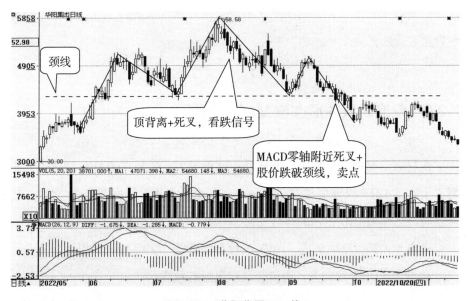

图 7-34　华阳集团日 K 线

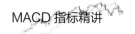
2022 年 8 月 5 日，MACD 指标形成"DIFF 线与股价顶背离 + 死叉"的看跌信号。此时尽管头肩顶形态还没有形成，但市场明显具有较强的下跌动能，激进型投资者可以及时卖出。

从 2022 年 9 月 8 日开始，股价经过反弹后再次向下，头肩顶形态形成。2022 年 9 月 16 日，MACD 指标出现零轴附近死叉，之后几天股价顺利跌破头肩顶形态颈线。这两个卖出信号叠加在一起，市场看跌意义大大增加。还没有出场的投资者要注意果断出场。

在实战中，投资者要注意以下两个方面。

1. MACD 指标出现"DIFF 线与股价顶背离 + 死叉"后，股价一般都会出现一波下跌走势，但走势能否彻底反转还不一定。而头肩顶形态的逐步形成，将锁定"彻底反转"的可能性。因此，在股价跌破颈线时，投资者要注意果断出场。

2. 相对于头肩顶形态的卖点（股价跌破颈线和反弹确认），MACD 指标提示的卖点通常更为及时。

7.2.2　双底、双顶形态与 MACD 指标

在双底形态形成过程中，上涨动能逐渐聚集，表现在 MACD 指标上就是第二个底的 DIFF 线要明显高于第一个底（也可将其看作底背离）。之后，综合双底形态和 MACD 指标的运行变化，一般有两个明显的买点。

买点 1：第二个底形成，DIFF 线没有创新低，之后 MACD 指标金叉。

买点 2：DIFF 线向上，股价突破双底形态颈线。

如图 7-35 所示，2022 年 9 月至 11 月，宁波联合（600051）开始由下跌

趋势转为上涨趋势，并形成双底形态。在此过程中，MACD 指标也发出相应的买入信号。

11 月初，双底形态第二个底形成，股价与第一个底基本持平，但 DIFF 线却明显高于第一个底，表明上涨动能较为强劲。11 月 4 日，MACD 指标形成金叉，买点 1 出现。之后，股价和 DIFF 线继续向上。11 月 29 日，股价向上放量突破双底形态颈线，买点 2 出现。投资者要注意积极把握这两个经典买点。

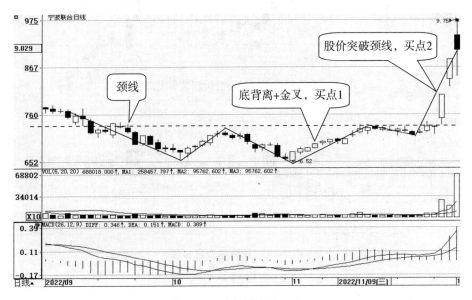

图 7-35　宁波联合日 K 线

与双底形态类似，双顶形态第二个顶形成时，下跌动能逐渐积聚，此时 MACD 指标中，DIFF 线往往明显低于第一个顶（也可看作顶背离形态）。之后，综合双顶形态和 MACD 指标的运行变化，一般有两个明显的卖点。

卖点 1：第二个顶形成，DIFF 线明显低于第一个顶，之后 MACD 指标死叉。

卖点 2：股价和 DIFF 线同时向下，股价向下突破双顶形态颈线。

如图 7-36 所示，2022 年 8 月至 9 月，国新健康（000503）由上涨趋势转为下跌趋势，并形成双顶形态。在这个过程中，MACD 指标配合双顶形态发

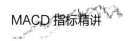

出了经典的卖出信号。

9 月中，第二个顶基本形成，股价一度创出新高，但总体上与第一个顶持平，DIFF 线则明显低于第一个顶，形成顶背离形态。9 月 16 日，MACD 指标形成死叉，K 线形成看跌吞没形态，显示出较强的市场下跌动能。第二天股价继续大幅下跌，股价跌破颈线，两个卖点几乎同时出现，投资者要注意及时出场。

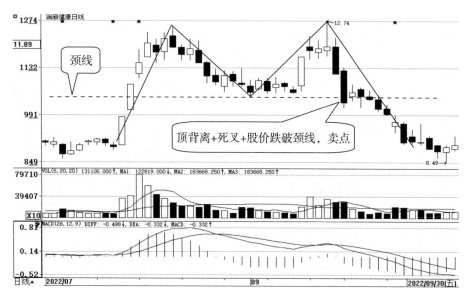

图 7-36　国新健康日 K 线

实战经验

在实战中，在双顶形态的第 2 个卖点出现之后，投资者还要注意股价的反弹确认卖点。

双底形态的买点也是如此，股价突破颈线后，投资者要注意其回抽确认买点。

7.2.3　三重底、三重顶形态与 MACD 指标

三重底形态形成的过程也是上涨动能不断积聚的过程，相应地，在

MACD 指标里，第三个底的 DIFF 线一般都会明显高于第二个底。因此，综合三重底形态和 MACD 指标，一般有以下几个买点。

买点 1：第三个底形成，它所对应的 DIFF 线明显高于第二个底（也可看作变相的底背离形态），之后 MACD 指标出现金叉。

买点 2：DIFF 线向上，股价向上突破三重底颈线。

如图 7-37 所示，2022 年 10 月至 12 月，高新发展（000628）开始转势，同时形成三重底形态。在这个过程中，MACD 指标配合三重底形态发出明显的买入信号。

2023 年 1 月 4 日，MACD 指标出现"DIFF 线与股价底背离＋金叉"的看涨信号，买点 1 出现。1 月 30 日，股价向上放量突破颈线，买点 2 出现。投资者要注意把握这两个买点。

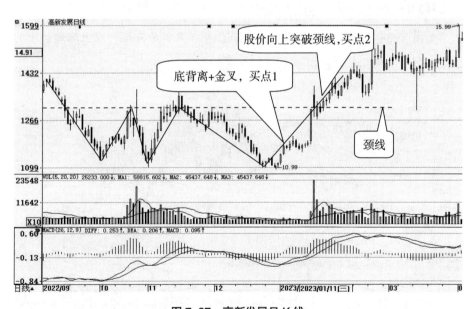

图 7-37　高新发展日 K 线

在实战中，投资者要注意以下两个方面。

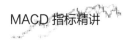

1.三重底形态中，第二个底形成时有可能形成双底形态的买点。

2.当第三个底形成时，MACD 指标中的 DIFF 线与股价甚至有可能形成二次底背离形态。它预示着更强的上涨动能，投资者不能错过这种买入信号。

三重顶形态与三重底形态类似，其形成的过程也是下跌动能不断积聚的过程，相应地，在 MACD 指标里，其第三个顶的 DIFF 线一般都会明显低于前一个顶（股价虽没创新高，但可看作变相的顶背离）。因此，综合三重顶形态和 MACD 指标一般有以下几个卖出信号。

卖点 1：第三个顶形成，它所代表的 DIFF 线明显低于前一个顶，之后MACD 指标死叉。

卖点 2：股价和 DIFF 线同时向下，股价向下跌破三重顶形态颈线。

我们仍以华阳集团为例加以说明。

如图 7-38 所示，2021 年 11 月至 2022 年 3 月，原来运行在上涨趋势中的华阳集团（002906）日线图中出现三重顶走势。

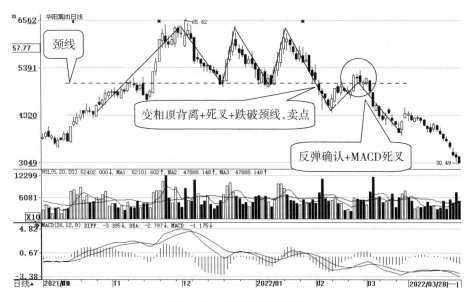

图 7-38　华阳集团日 K 线

2022 年 1 月 27 日，MACD 指标出现"DIFF 线与股价变相顶背离 + 死叉"的看跌信号，随后股价顺利跌破颈线，表明下跌趋势形成，卖点出现。之后，股价反弹到颈线附近受阻后再次向下，MACD 指标出现死叉，投资者要注意及时出场。

7.2.4　持续整理形态与 MACD 指标

持续整理形态逐渐形成的过程也是原来趋势再次蓄势的过程，之后股价将延续原来的趋势。

持续整理形态形成的同时，MACD 指标中的 DIFF 线将逐渐回到零轴。如果股价持续整理，DIFF 线将围绕零轴上下波动。如果股价继续原来的趋势，一般会形成 MACD 柱线与股价的背离形态。因此，投资者可以利用"DIFF 线回到零轴 + 柱线背离"来捕捉具体的买卖点。

在上涨趋势中，持续整理形态（三角形、矩形、旗形、楔形）形成时，有两个买点。

买点 1："DIFF 线回到零轴 + 柱线底背离 +MACD 金叉"。

买点 2：股价上涨，突破形态上边线。

由于持续整理形态价格波动范围较小，上述两个买点往往集中在一起出现，有时候买点 2 甚至会先于买点 1 出现。

如图 7-39 所示，从 2021 年 5 月 12 日开始，首钢股份（000959）在经过一波上涨走势之后开始回调。在之后的两个月里，该股形成三角形持续整理形态。

在这个过程中，DIFF 线逐渐回调到零轴附近。2021 年 7 月 12 日，股价突破三角形上边线，同时该股出现"DIFF 线回到零轴 + 柱线与股价底背离 + 金叉"的看涨信号，表明上涨动能经过积聚后开始启动，买点出现。

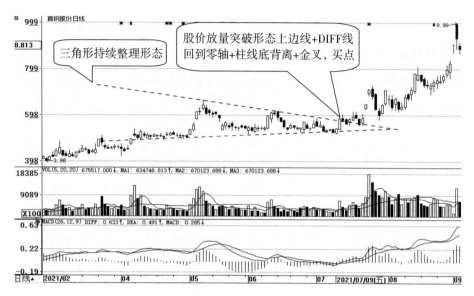

图 7-39　首钢股份日 K 线

 实战经验

在实战中，投资者要注意以下三个方面。

1. 买点 1 中，MACD 指标金叉的出现有时候会比较晚，激进型投资者甚至可以在柱线明显收敛时就入场。

2. 买点 1 并不必然会出现。

3. 在综合使用持续整理形态和 MACD 指标时，存在谁主谁次的问题。在这里，以形态理论为主，以 MACD 指标为次。

在下跌趋势中，持续整理形态形成时，有两个卖点。

卖点 1："DIFF 线回到零轴 + 柱线顶背离 +MACD 指标死叉"。

卖点 2：股价跌破形态下边线。

如图 7-40 所示，2021 年 11 月至 2022 年 2 月，大中矿业（001203）在下跌趋势中以矩形的形态不断震荡，同时 DIFF 线逐渐回到零轴。

2022 年 3 月 8 日，MACD 指标形成"DIFF 线回到零轴 + 柱线与股价顶背离＋死叉"的看跌信号，随后一个交易日股价继续下跌，并跌破矩形下边线，卖点出现。投资者要注意及时出场，否则将被套牢。

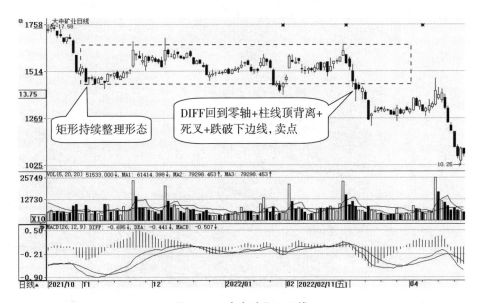

图 7-40　大中矿业日 K 线

 实战经验

在实战中，投资者要注意以下几个方面。

1.卖点 1 中，死叉出现的时间会比较晚，投资者可以在 K 线看跌形态出现时就卖出。

2.卖点 2 有时候不会出现。

第 8 章

——

用 MACD 指标构建交易系统

8.1　交易系统

8.1.1　交易系统三要素

交易系统是指投资者通过研究某种技术分析工具，不断地加深对市场的认识，逐步完善投资理念，最终形成一套依据技术分析工具、风险可控的操作策略。它有三个要素组成，分别是技术分析、资金管理和心理控制。下面对这三个要素分别加以介绍。

1. 技术分析

技术分析是交易系统的基础，它就是常见的各种技术分析方法和技术分析理论。它主要解决"在哪里买，在哪里卖"的问题。

常见的技术分析方法有 K 线形态分析、形态理论、指标分析、波浪理论分析等。本书是以 MACD 指标来构建交易系统。

这些技术分析方法和理论，从不同的角度对市场进行解读，是投资者了解市场的重要途径。最终，投资者要选择适合自己的技术分析工具，并由此来领会市场波动的本质，形成自己认知的"市场秩序"。

2. 资金管理

资金管理是交易系统的重要组成部分，是决定最终交易绩效的重要因素之一。它包括仓位管理和风险控制两个方面，主要解决实战中"买多少，卖多少"的问题。其中，仓位的管理又可以分为开仓、加仓、减仓、清仓等策略；风险控制可以分为止损、止盈等策略。

资金管理是很容易被忽视却直接关系盈亏的重要问题，这一点对股市新手来说尤其重要。许多投资者不注重资金管理甚至没有风险控制的概念，在

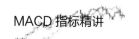

实战中对资金管理毫无章法可言，动不动就重仓甚至满仓，其结局注定的是可悲的。

3. 心理控制

心理控制是一个不太容易被觉察但最终决定投资成败的核心因素。它包括投资者的综合素质和交易习惯两个方面，主要解决"如何做到"的问题，即执行力的问题。

如果投资者执行力不到位，再好的技术分析工具、再科学的资金管理计划都不能使其盈利。即便是多年的老手，如果不通过这一关，交易绩效也很难取得突破。

本书部分小节的"实战经验"，就是针对这个问题而设的。

投资者在理解这三个要素时，需要注意以下几个方面。

第一，三因素密不可分。

任何一个完善的交易系统都要具备这三个要素。在这三个要素中，技术分析是基础，资金管理和心理控制都要围绕着它进行；资金管理是对技术分析所发出的买卖信号进行筛选的重要工具；而心理控制则贯穿技术分析和资金管理的全过程。三个要素密不可分、互相关联，任何一个要素出了问题，交易绩效都无法达到理想水平。

第二，买点的立体性。

交易系统在实战中还表现为买点的立体性。买点的立体性是指对任何一个已经确定了的买点，都要考虑到之后的若干种可能性，并一一做出对策。

如果买点应验的话，股价上涨回调之后，有两种可能——上涨延续与上涨结束。如果走势最终"上涨延续"，投资者可以考虑长期持股，但短期内不妨先出场以防风险；如果走势最终"上涨结束"，投资者要注意及时出场。

如果买点没有应验的话，之后有两种可能——再创新低或者盘整。如果股价再创新低，投资者要注意及时认赔出场；如果仍在原来买点价位盘旋，投资者可以灵活处置。

　　具体构建交易系统时，加仓点实际上就是入场点之后"若干种可能性"中的一种（详细介绍见第 2 节内容）。

　　如图 8-1 所示，2022 年 5 月 9 日，韶能股份（000601）的 MACD 指标中出现"DIFF 与股价底背离＋金叉"的看涨信号，它表明市场上涨动能已经集聚到了一定程度并开始释放，股价接下来将出现一波上涨走势。投资者可以积极买入。

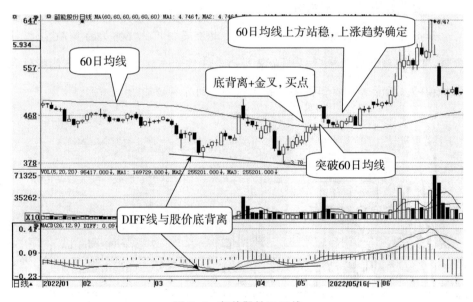

图 8-1　韶能股份日 K 线

　　但在买入之前，投资者要注意该买点的立体性：考虑其后的 4 种可能性并一一做好对策。

　　可能性 1：买点应验，股价持续上涨，顺利形成上涨趋势。之后可能略有回调，但不改变上涨趋势。对这种情况，投资者要注意耐心持股。

　　可能性 2：买点应验，股价持续上涨之后下跌，没能彻底形成上涨趋势。对这种情况，投资者要注意及时出场。

可能性 3：买点没有应验，股价略有上涨之后即下跌，并创出新低，延续原来的下跌趋势。对这种情况，投资者要注意果断卖出。

可能性 4：买点没有应验，股价略有上涨之后即下跌，但不创出新低，而是不断在底部震荡，形成盘整趋势。此时，投资者可以灵活处置。

在该买点买入之后，该股持续上涨。5 月 12 日，股价跳空高开高走，突破 60 日均线，表明上涨趋势基本形成，此时基本可以排除后两种可能。投资者要警惕第 2 种可能的出现。

5 月中旬，股价在 60 日均线上方站稳，表明上涨趋势得到确定，基本可以判断该股选择了第 1 种可能，投资者要注意耐心持股。

如图 8-2 所示，2022 年 11 月 4 日，渤海股份（000605）的 MACD 指标出现"DIFF 线与股价底背离＋金叉"的看涨信号。该买入信号与韶能股份的基本相同，投资者可以积极买入并注意之后的 4 种可能性。

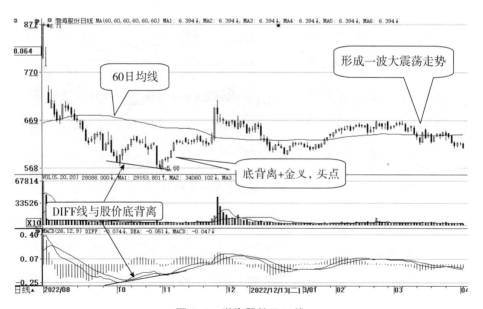

图 8-2　渤海股份日 K 线

在该买点买入之后，该股随即出现一波上涨走势，基本可以排除后两种可能。此时，投资者要确定的就是，该股到底能否形成彻底的上涨趋势。

11 月 28 日，股价在放量涨停突破 60 日均线的次日就冲高回落，表明市场下跌动能仍然较强，走势选择第 2 种可能的概率极大。12 月 21 日，股价顺利跌破 60 日均线，说明走势选择了第 2 种可能性，随后该股在低位形成一波大震荡走势。

以上两个例子，虽然买点性质类似，但由于上涨动能有强有弱，最终所选择的走势类型并不一样。因此，投资者要高度注意瞬息万变的走势，判断到底会出现哪种可能性，并采取恰当的策略来应对，否则，经典的买点也可能导致巨大的亏损。

第三，止损和仓位。

止损和仓位虽然是资金管理的内容，但与买点本身以及投资者的心理承受能力联系极为密切。对止损位和仓位的确定，有两种思路：一种是以损定仓，将止损位和仓位联系成一个整体；另一种是将止损位和仓位分开，但对两者各作相应的交易纪律规定。

以损定仓一般包括以下 3 个步骤。

步骤 1：根据买点确定止损价位。

买点确定之后，投资者首先做好风险控制方面的准备，而止损则是风险控制中的重要环节。止损位一般设在前期低点处或前期低点下一档。一旦股价触及该价位，投资者就要立即出场。

如图 8-3 所示，2022 年 10 月 28 日，阳光股份（000608）的 MACD 指标出现 "MACD 柱线与股价底背离 + 金叉" 的买入信号。在该买点之前，股价低点为 2.55 元。投资者可将止损位放在该位置或该位置下一档。

如图 8-4 所示，2022 年 11 月 29 日，长安汽车（000625）的日线图中出现启明星形态，短线买点出现。此时，投资者可将该短线买点的止损位设在 11.40 元或该位置下一档。

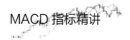

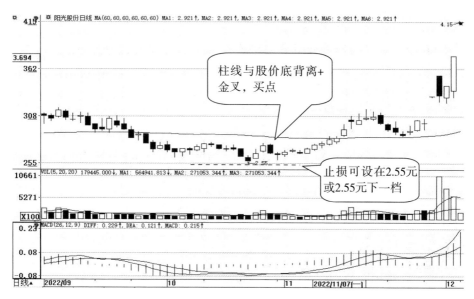

图 8-3　阳光股份日 K 线

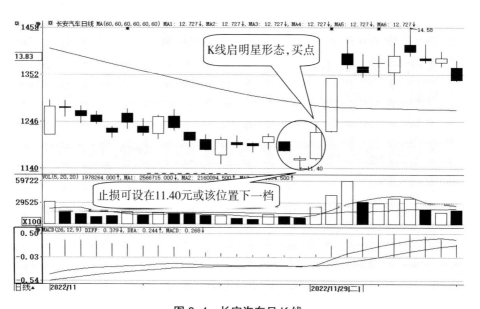

图 8-4　长安汽车日 K 线

 **实战经验**

在实战中设置止损位，买入时机极其重要。要将风险降到最低，就需要

买入时机恰到好处。

步骤 2：根据自己的心理承受能力、资金情况来设置单笔最大亏损额。

确定止损位之后，投资者还需要着重考虑单笔交易的最大亏损额。心理承受能力较强、资金实力较强的投资者可以将单笔最大亏损额度放大一点；反之，心理承受能力较弱、资金实力较弱的投资者可以将单笔最大亏损额度设得小一点。

一般来说，单笔最大亏损额不能超过总资金的 5%。

步骤 3：根据单笔最大亏损额来确定自己的仓位。

在确定了止损位和单笔最大亏损额之后，投资者就可以计算出该笔交易的仓位。

仓位 = 单笔最大亏损额 /（买入价 – 止损价）

如图 8-5 所示，2022 年 11 月 1 日，钒钛股份（000629）MACD 指标中出现"DIFF 线与股价底背离 +K 线启明星"的看涨买入信号。该买点止损价

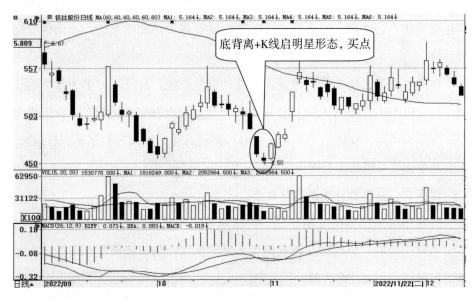

图 8-5　钒钛股份日 K 线

为前一交易日的最低点 4.50 元，若投资者的买入价为 11 月 1 日的收盘价 4.72 元，则该买点的仓位 = 单笔最大亏损额 /0.22。

确定止损位和仓位的第二种思路是以止损纪律和仓位管理纪律来控制风险。例如，常见的止损纪律有单笔亏损不能超过 1% 或 3%，连续亏损不能超过 10% 等；常见的仓位管理纪律有入场仓位不低于 50%，加仓不低于 40% 等。在本章第 2 节中运用的就是第二种确定止损位和仓位的思路。

8.1.2 对交易系统的 3 个认识误区

在实战中，许多投资者因为种种原因会对交易系统产生种种误解，常见的有以下 3 种。

误区 1：指标就是交易系统。

有人认为指标就是交易系统，这是对交易系统的第一个认识误区。实际上，指标只是构建交易系统的一种工具，只有在这种工具的基础上建立起一套包括买卖点、止损、资金管理、心理控制等多种功能的系统，才能称为交易系统。

在此基础上，还有人认为买卖点就是交易系统，这是一种更为常见的认识误区。以本书介绍的 MACD 指标为例，其买卖点有交叉买卖点、背离买卖点、突破买卖点、支撑阻力买卖点、形态买卖点等，如果它们都是交易系统，那么这个交易系统将十分庞大，难以使用。

误区 2：交易软件就是交易系统。

现在市场上出售的交易系统，声称只要按照它所发出的买卖信号操作，投资者就能盈利。但这种交易软件大多是根据以往的市场数据开发的，面对新的市场场景，往往会失效。

在正常情况下，一个交易系统的开发，需要投资者对一种技术分析工具所构建的系统进行长时间的分析研究测试，才能用于实战。而且在实战中，还要根据自己的经验，不断地加以改进。认为靠一种买来的交易软件就能稳定盈利的人，只不过是在痴心妄想。

误区 3：交易系统主要是为了预测走势。

交易系统能够对未来走势进行预测，但它更主要的是提供了走势未来的多种可能性，并对每一种可能性都提供了相应的交易策略。

投资者在实战中，要力图避免这种"预测，然后下单"的心理倾向。这种倾向认为，每一笔交易的盈利都取决于预测成功率，片面追求高胜算率，执着于某一种较大概率的可能性。然而，预测无法百分百准确，一旦出现反向走势，投资者如果出现心理障碍，将很容易为这种执着付出惨痛的代价。

8.1.3　系统化交易

系统化交易，又称一致性交易、计划交易、机械交易等，是指严格地、持续地运用交易系统进行交易。它具有以下几个特点。

特点 1：顺势交易。

系统化交易采取趋势追踪技术，对市场趋势进行动态跟踪，不断调整持仓方向使之与目前市场方向一致。

特点 2：交易系统的期望值为正数。

系统化交易的基础是投资者根据自己的理念和技术总结出一套期望值为正数的交易系统。在该交易系统中，各项风险控制指标和参数一般都需要多年历史数据的测试，如可能遭受的最大亏损、最多连续亏损次数、预期利润率等都要达到一个合理的水平。这就使得交易的风险可以控制，收益可以预期。

特点 3：摒弃主观。

系统化交易的法则囊括了交易中的每一个环节，它几乎没有留给投资者个人任何主观思考的余地，即投资者要摒弃主观臆断，严格地执行。对这一点的理解，主要有以下几个方面，如图 8-6 所示。

（1）把握买卖点要摒弃主观。系统化交易要求投资者对交易系统有绝对的信心，这样才能摒弃主观臆断，才能彻底地执行交易系统所发出的买卖信号。如果投资者依赖的是自己的主观判断，往往会出现诸多的情绪困扰，在应该大胆的时候畏首畏尾，在应该谨慎的时候却莽撞激进

（2）风险控制要摒弃主观。系统交易要求投资者首先必须具有强烈的风险意识。其次，在风险控制中要严格遵循交易系统的资金管理纪律（如单笔最大亏损额、入场仓位、加仓仓位等）。一旦交易触及这些纪律，立马按照纪律所要求的去做，绝对不允许凭借自己的主观判断来修改交易纪律

（3）止损要摒弃主观。投资者入场之后，要始终看好止损位，一旦股价跌破止损位，不要心存犹豫，要立即出场

图 8-6　摒弃主观的 3 方面

最终，在摒弃主观之后，投资者在交易过程中，就具有了明显的统一性和纪律性，即每一笔盈利几乎都是同一种模式所产生的，而每一笔亏损也几乎都是同一种模式所造成的。

特点 4：坚定不移地执行。

在系统化交易中，因为交易策略的期望值为正数，所以投资者在使用中只有长时间坚定不移地执行，才能使得交易系统发挥出最大的功效。

8.2　用 MACD 指标来构建交易系统

8.2.1　中长线交易系统

在对 MACD 指标和交易系统有了初步的了解之后，投资者可以利用 MACD 指标来构建一个简单的追踪趋势中长线的交易系统。该交易系统如表 8–1 所示。

表 8–1　MACD 指标中长线交易系统

技术分析		资金管理	
系统参数	条件	系统参数	数值
入场位	（1）DIFF 线向上突破零轴，且在零轴上方站稳（回调受到零轴支撑）； （2）MACD 指标金叉	开仓量	40%（如果 DIFF 线突破零轴之前有 DIFF 线与股价底背离，则仓位可更高）
加仓位	（1）DIFF 线在零轴上方； （2）MACD 指标金叉； （3）如果 DIFF 线回调的同时出现柱线与股价底背离形态，则仓位可适当加大	加仓量	第一次加仓 40%，第二次加仓 20%
减仓位	（1）MACD 柱线与股价顶背离 + 金叉或柱线大幅收缩或 K 线看跌形态； （2）DIFF 线向下跌破零轴	减仓量	第一次减掉持仓量的一半，第二次全部清仓
止损位	（1）前期重要支撑位； （2）低于买入价 3% 或 5%； （3）总亏损达到 10%	止损量	第一次止损持仓量的一半，第二次全部清仓
出场位	（1）高级别中出现柱线与股价顶背离或 DIFF 线与股价顶背离； （2）DIFF 线与股价在零轴上方出现明显的 5 浪顶背离（回到零轴再次向上）+ 死叉； （3）DIFF 线向下跌破零轴	—	—

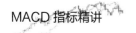

为更清楚地了解该交易系统，投资者需要注意以下几个问题。

第一，入场条件。

因为该交易系统是进行趋势性操作，所以剔除了仍在下跌趋势中的"DIFF 线与股价底背离 + 金叉"的看涨信号，只在上涨趋势确定之后才入场操作。这就排除了大部分逆势的风险。

之后，为了寻找更好的入场时机，投资者必须寻找短线的看涨信号。而 MACD 指标金叉正好满足该条件，股价在短期和中长期出现共振，出现上涨走势的概率大大增加。

投资者还可以对该入场条件进行优化，在系统中加入其他过滤条件。

第二，开仓与加仓数量。

在趋势性交易中，当趋势确定之后，投资者要采取"越涨越加"的策略，但随着买入成本的提高，加仓数量要有所减少。所以，本操作系统采取 4∶4∶2 的开仓与加仓策略。

第三，选股条件。

对趋势性系统化交易者来说，不必像超短线交易者那样费力地去找一些"黑马"，也不必对短期热点过分关注。为获取中长期的超额收益，投资者要更多地寻找那些具有持续竞争优势的绩优股。这类绩优股，只要找到 3~5 只就可以了。

第四，卖出条件。

对趋势性行情来说，一旦确定下跌趋势即将终止，就要立即出场。对该交易系统来说，有如下两个条件，任何一个条件一旦出现，投资者都要及时出场。

条件一：高级别的 MACD 指标中出现柱线与股价顶背离或 DIFF 线与股价顶背离。

这种高级别的顶背离形态一旦形成，上涨趋势终结的概率大大增加，投资者要注意及时出场，即便不能全部清仓也要减仓。

条件二：DIFF 线与股价 5 浪顶背离 + 死叉。

DIFF 线在回到零轴之后再次向上，形成与股价的顶背离形态，表明 5 浪形成，上涨趋势即将结束。之后 MACD 指标出现死叉，表明下跌动能开始释放，投资者要注意及时出场。

下面用英力特（000635）2021 年的走势对该系统的用法加以说明。

如图 8-7 所示，2021 年 1 月至 8 月，英力特（000635）在短暂下跌后持续上涨。在这个过程中，用 MACD 指标中长线交易系统来进行交易，将有以下几笔交易。

2021 年 2 月 9 日，DIFF 线在零轴下方出现拒绝死叉的看涨信号。2 月 19 日，股价放量大涨，DIFF 线向上突破零轴，之后冲高回调并得到零轴的支撑。3 月 15 日，MACD 指标在零轴上方出现金叉，入场点出现，仓位为 40%。

之后，股价缓缓上涨后回落。2021 年 4 月 7 日，MACD 指标再次出现金叉，加仓点出现。投资者可以加 40% 的仓位。

5 月 7 日，该股 MACD 指标在高位再次出现金叉，投资者可以将剩下 20% 的资金全部加上，此时已经满仓。

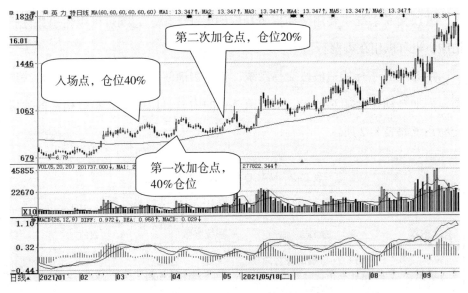

图 8-7　英力特日 K 线

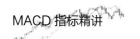

随后股价持续上涨，连创新高。

最终，在这一段时间内，按照该中长线交易系统，投资者加仓两次，收益率还是相当不错的。

实战经验

在实战中，投资者要注意以下三个方面。

1.使用中长线交易系统，当买入时机没有出现时，投资者可能需要长时间地等待，这对一些投资者来说是一个较大的挑战。

2.中长线交易系统最适合大牛市，在其他市场环境中，收益率往往不会很高。上例中，英力特之所以收益率高，是因为该股正处于大牛市中。

3.有时候会出现一加仓就被套的情况，这是正常的。

8.2.2　波段交易系统

波段交易系统主要用来捕捉短期内的上涨波段，它既可以用在趋势性行情中，也可以用在震荡行情中。

用 MACD 指标构造波段交易系统，将更多地使用到 MACD 柱线和 K 线形态，而加仓动作会相对较少。结合前 7 章的内容，用 MACD 指标构造的波段交易系统如表 8-2 所示。

表 8-2　MACD 指标波段交易系统

技术分析		资金管理	
系统参数	条件	系统参数	数值
入场位	（1）DIFF 线与股价底背离； （2）MACD 指标金叉或柱线大幅收缩或 K 线看涨形态	开仓量	50%

技术分析		资金管理	
系统参数	条件	系统参数	数值
加仓位	（1）DIFF 线向上突破零轴并在零轴上方站稳； （2）MACD 指标金叉（如果柱线与股价底背离，那就更要积极买入）	加仓量	50%
止损位	（1）前期重要支撑位； （2）低于买入价 3% 或 5%； （3）总亏损达到 10%	止损量	第一次止损持仓量的一半，第二次全部清仓
出场位	（1）MACD 柱线与股价顶背离、死叉、柱线大幅收缩或 K 线看跌形态； （2）DIFF 线向下跌破零轴。 以上两个条件只要有一个出现就出场	—	—

为更清楚地了解该交易系统，投资者需要注意以下几个问题。

第一，入场条件。

该入场条件主要用来抓上涨趋势的第一波走势，其最大的风险在于上涨趋势最终没有形成，股价受阻后再次向下，延续原来的下跌趋势。

因此，为增加该入场点的可靠性，投资者可以观察一下高级别走势中 MACD 指标的运行态势。

第二，仓位。

该交易系统主要用来捕捉波段，加仓动作较少用到，因此首次入场时的仓位比起中长期操作系统可以适当放大，达到 50% 乃至更高。之后如果加仓，可以将剩下的资金加上去。

当上涨趋势彻底形成后，股价往往出现 3 浪走势，此时投资者可以适当加仓。

第三，出场条件。

波段操作要求迅速落袋为安，因此其出场条件比中长期交易系统更为简略。投资者一旦见到 MACD 柱线与股价顶背离就要警惕，之后如果出现 MACD 指标死叉、柱线大幅收缩或 K 线看跌形态，就要及时出场。

如果没有出现柱线与股价顶背离，而 DIFF 线却顺利跌破零轴，则表明下跌走势较为突然，投资者也要及时出场。

第四，加仓点可以作为单独的入场点。

有时候，本交易系统不存在入场点，但 DIFF 线顺利突破零轴，在零轴上方站稳后出现 MACD 指标金叉，也可以作为波段买点。

下面以金岭矿业 2022 年的走势为例加以说明。

如图 8-8 所示，2022 年 11 月至 12 月，金岭矿业（000655）基本上一直处于大震荡状态。在这个过程中，如果利用 MACD 指标短线波段交易系统进行操作，投资者将有以下几个买卖点。

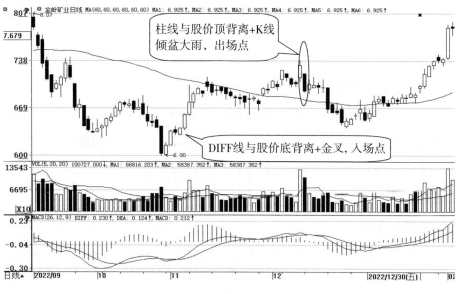

图 8-8　金岭矿业日 K 线

2022 年 11 月 3 日，MACD 指标出现"DIFF 线与股价底背离＋金叉"的看涨信号，表明在上涨趋势中，一波新的上涨趋势即将出现，此为入场点。投资者可以以 50% 的仓位买入。

　　但这波走势很快就到头了，11 月 11 日，股价在 60 日均线处受阻回落。11 月 29 日，股价虽向上突破 60 日均线，但很快就显出疲态。12 月 12 日，MACD 指标出现"柱线与股价顶背离 +K 线倾盆大雨"的看跌信号，投资者要注意及时出场。

第 9 章

MACD 指标实战案例

9.1　中长线操作的 3 个实战案例

9.1.1　远兴能源（000683）

如图 9-1 所示，2022 年 9 月至 2023 年 3 月，远兴能源（000683）由下跌趋势转为上涨趋势。

2022 年 11 月 4 日，MACD 指标出现"DIFF 线与股价底背离＋金叉"的看涨信号，买点出现。投资者可以以 40% 左右的仓位买入，止损位设在前期低点或低点的下一档。之后，股价突破 60 日均线，DIFF 线也顺利向上突破零轴，表明上涨趋势已经基本形成。

2023 年 1 月 6 日，MACD 指标在零轴上方出现金叉，此为加仓信号。投资者可以加 40% 的仓位，止损位设在前期低点位置。

2023 年 1 月 19 日，MACD 指标在零轴上方出现拒绝死叉，投资者可以继续加仓直至满仓。

2023 年 3 月 6 日，MACD 指标出现"DIFF 线与股价顶背离 +K 线孕育形态"的看跌信号，投资者要警惕下跌趋势的出现，可以减少 40% 的仓位。之后，股价短暂回调但受到 60 日均线支撑后继续上涨，延续原来的上涨趋势。

2023 年 3 月 29 日，DIFF 线在零轴附近出现拒绝金叉形态。之后两个交易日，股价也跌破 60 日均线，表明上涨趋势已经初步结束。投资者要全部清仓。

总结远兴能源 2022 年 9 月至 2023 年 3 月所发出的 MACD 指标中长期交易系统买卖点，投资者可以总结出以下几个规律性的法则。

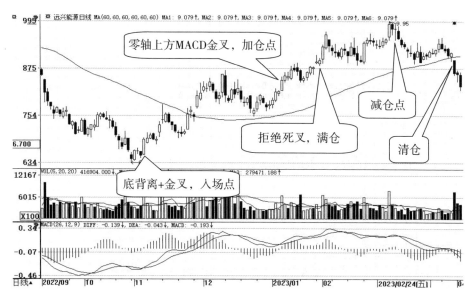

图 9-1　远兴能源日 K 线

第一，震荡市中的"小亏"。

在震荡市中，投资者严格执行 MACD 指标中长期交易系统所发出的买卖信号后，容易出现多次"小亏"的结局。这是一种非常正常的现象，也可以说是该交易系统为获取大趋势盈利的"代价"。

在趋势性行情出现之前，系统的使用者是不知道接下来是否会彻底形成上涨趋势的。因此，投资者面对交易系统所发出的买卖信号，只能严格执行，即便出现"小亏"，也要视为正常现象，不要随随便便地怀疑交易系统，按照自己的主观臆断去随意买卖。

第二，牛市中的"大赚"。

在上涨趋势中，MACD 指标中长线交易系统往往能够发出适时的交易信号，投资者只要严格执行，将获利丰厚。这就是趋势性行情的魅力所在。

最终，持续稳定盈利的基本模式就是持续地"小亏大赚"，以时间来积累财富。

第三，不要总想"抓底"或"摸顶"。

使用 MACD 指标中长线交易系统不必执着于"抓底""摸顶"，重要的是能捕捉到上涨趋势中间的一段。

9.1.2　绿康生化（002868）

如图 9-2 所示，2022 年 8 月至 2023 年 1 月，绿康生化（002868）先出现一波上涨趋势，之后出现一波下跌趋势。

11 月 4 日，MACD 指标出现"MACD 柱线与股价底背离＋金叉"的看涨信号，表明上涨动能再次启动，入场点出现。投资者可以以 40% 的仓位买入。

12 月 6 日，MACD 指标上方出现拒绝死叉形态，为加仓信号。投资者可以加 40% 的仓位。

12 月 16 日，MACD 指标出现"MACD 柱线与股价顶背离＋黄昏星"的看跌形态，为减仓信号。投资者可以减仓一半。

2023 年 1 月 16 日，股价在高位滞涨，同时 MACD 指标出现"DIFF 线与股价顶背离＋死叉"的看跌形态，为出场信号。投资者此时要果断清仓。之

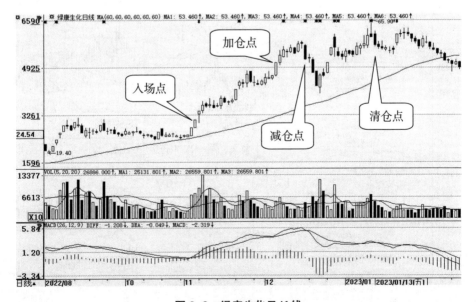

图 9-2　绿康生化日 K 线

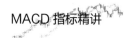

后股价持续下跌。

最终，在 2022 年后半年的时间中，共出现 1 个入场点、1 个加仓点、1 个减仓点和 1 个清仓点，风险始终可控。

实战经验

在实战中，入场点、加仓点的选择要注意 MACD 指标零轴上方的拒绝死叉形态，这是比零轴上方金叉更为强烈的一种看涨信号。

9.1.3 南网科技（688248）

如图 9-3 所示，2022 年 5 月至 11 月，南网科技（688248）的走势出现一波上涨趋势而后连续下跌。

7 月 12 日，MACD 指标在零轴上方出现金叉，表明上涨趋势彻底形成，

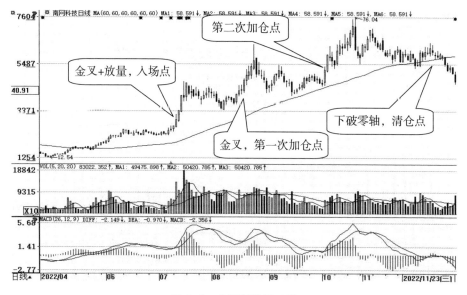

图 9-3 南网科技日 K 线

此为入场点。投资者可以以 40% 的仓位积极买入。

8 月 18 日，MACD 指标在零轴上方形成金叉，为加仓信号。投资者可以加 40% 仓位。

10 月 11 日，MACD 指标在零轴上方再次形成金叉，表明上涨动能极强，投资者可以加仓至满仓水平。

之后股价持续上涨后冲高回落，11 月 25 日，DIFF 线向下跌破零轴，表明上涨趋势已经结束。投资者可以果断清仓。

 **实战经验**

在实战中，当清仓信号发出时，股价一般都已经从最高点下跌了相当的幅度。因此，投资者在清仓时总是有意或无意地拿清仓价与最高点比较，有一种自己"吃亏了"或"不甘心"的感觉。一旦这种感觉很强烈且投资者有拖延的习惯，就很容易不及时清仓，而是在拖延中耗时间，最终往往损失更大。这是一种极坏的心理习惯，投资者要注意克服这种"清仓时的心理障碍"。

9.2　波段操作的 3 个实战案例

9.2.1　三花智控（002050）

如图 9-4 所示，2021 年 3 月至 9 月，三花智控（002050）的走势较为复杂，股价整体上处于震荡阶段。投资者可以利用 MACD 指标波段交易系统来寻找其买卖点。

2021 年 7 月 27 日，MACD 指标出现"柱线与股价底背离 +K 线低位射

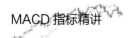

击之星"的看涨形态，此为入场信号。投资者可以50%甚至更高的仓位买入。

8月30日，MACD 指标出现"柱线与股价顶背离＋锤子线"的看跌信号，卖点出现。投资者要注意及时清仓。

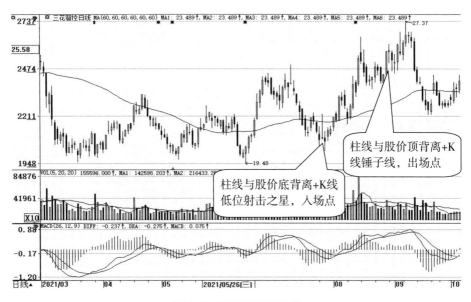

图 9-4　三花智控日 K 线

在实战中，投资者在利用 MACD 指标波段交易系统时，要注意以下几个关键点。

关键点一：MACD 指标波段交易系统与震荡市。

波段交易系统在大震荡行情中颇为有用，往往能够精确捕捉到波段买卖点。而 MACD 指标中长线交易系统在这种走势中发出的交易信号较少，最终的获利水平较为逊色。

关键点二：大盘的配合。

当波段交易系统发出入场信号的同时，如果大盘也出现看涨信号，则表明市场上涨动能较强。此时，投资者在入场时可以适当加大仓位。

关键点三：柱线与股价背离应用较为普遍。

本书前文中有过介绍，在短线交易中，MACD 柱线与股价底背离也是一个重要的看涨信号。投资者在进行波段操作时，要注意利用柱线与股价的背离形态。

9.2.2　浙江新能（600032）

如图 9-5 所示，从 2022 年 9 月开始，浙江新能（600032）在底部震荡筑底，形成双重底，表明市场上涨动能很强。

2022 年 10 月 31 日，股价下跌低点几乎与前期最低点持平，但当天 K 线形成低位锤子线形态，显示出较强的短期上涨动能。次日，股价高开高走，同时 MACD 指标出现拒绝死叉的看涨信号，此为入场信号。投资者可以以 50% 的仓位买入。

之后股价持续上涨，顺利突破 60 日均线和颈线，DIFF 线也向上突破零

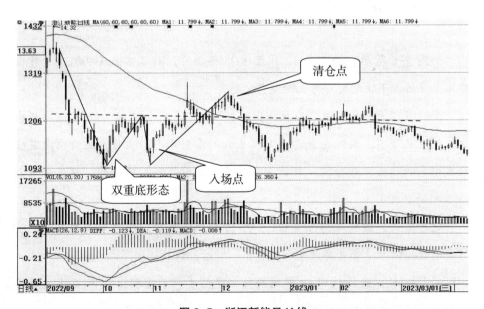

图 9-5　浙江新能日 K 线

轴，但很快就开始滞涨。这表明上涨动能不是很强，多空双方正在鏖战，投资者要注意观望。

12 月 6 日，MACD 指标出现 "MACD 柱线与股价顶背离 +K 线看跌吞没" 的看跌信号，投资者要注意及时卖出。随后该股跌破颈线和 60 日均线，表明市场已经进入大震荡走势中，投资者要注意持币观望。

 实战经验

在实战中，投资者要注意尽量用一个交易系统将自己所学到的所有技术整合起来。在上例中，形态理论与 MACD 指标结合使用，买卖点会更加准确。其他技术分析工具都可以用这种思路来操作。

在实际操作中，走势是极为复杂的，并不总是遵循 "经典买卖点" 中的经典走势，比如上例上涨动能不足，市场进入大震荡中而不是由空转多。

9.2.3 浙江东方（600120）

如图 9-6 所示，2022 年 12 月至 2023 年 3 月，浙江东方（600120）股价整体上开始由下跌趋势转为上升趋势。

2023 年 1 月中旬，股价在底部出现双底形态。1 月 13 日，MACD 指标出现拒绝死叉形态，同时 K 线形成旭日东升的看涨形态。次日，股价向上突破双底形态的颈线，结合前一日的看涨信号，发出强烈入场信号。投资者可以以 50% 的仓位买入。

之后不久，该股在高位滞涨，2 月 17 日，K 线形成倾盆大雨形态，表明下跌动能较强。投资者要注意及时卖出。之后，该股缓缓下跌。

3 月 15 日，股价跌到 60 日均线处，受到支撑后企稳，同时 K 线形成孕育形态，投资者可以积极买入。之后该股出现一波上涨走势。

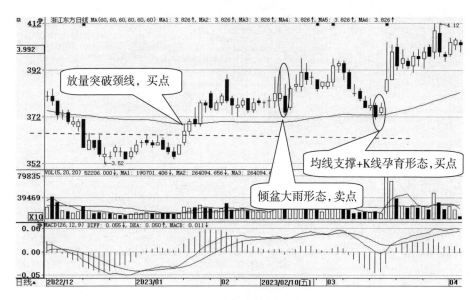

放量突破颈线，买点

倾盆大雨形态，卖点

均线支撑+K线孕育形态，买点

图 9-6　浙江东方日 K 线

　　投资者可以清楚地看出，在上涨趋势中，MACD 指标波段交易系统往往会踏空走势，过早出场，而后又频繁入场。最终，在牛市中，其获利水平将低于 MACD 指标趋势性中长线交易系统。这一点是波段交易系统的使用者必须清楚了解的。